VOY

ISBN : 978-2-412-03317-3
Dépôt légal : janvier 2018
Imprimé en Espagne

Photographies : Guilhem Nellim et collection personnelle
Création graphique et portraits : Natacha Birds
Maquette : Atelier Didier Thimonnier
Lecture-correction : Florence Fabre

Editions First, un département d'Edi8
12, avenue d'Italie
75013 Paris France
Tel. : 01 44 16 09 00 - Fax : 01 44 16 09 01
Email : firstinfo@efirst.com
Site internet : www.editionsfirst.fr

VOY

Carnets de routes et d'émotions

Safia Ayad

FIRST
ÉDITIONS

SOMMAIRE

COMMENCER SA VIE

SUIVRE SES ORIGINES

S'ENVOLER

POUR ÊTRE SOI

LOIN DE TOUT

PROCHE DE L'AUTRE

Aux quatre coins du monde

Le voyage est un retour vers l'essentiel.
Proverbe tibétain

BIENVENUE DANS MON LIVRE

Pour toi qui tomberais sur mon livre sans avoir jamais entendu parler de moi, je m'appelle Safia et j'aime créer.

J'ai consacré ces dernières années à la création de contenus. Ce métier parfois un peu flou dont l'origine se trouve dans le nouveau, le personnel, l'original – au sens littéral du terme.
Mon quotidien s'organise autour de tout le contenu que je peux, veux et souhaite créer. Que ce soit sur Instagram, sur Youtube ou sur mon blog, j'ai tous les sens en éveil constamment pour puiser l'inspiration, où que je sois.

Je suis passionnée. Ne me verrais nulle part ailleurs. Ne m'épanouirais certainement nulle part ailleurs. La création de contenu est mon cocon.

J'ai commencé mon activité en ligne en 2012 alors que j'étais vendeuse chez The Kooples. J'adorais mon travail même si, au fond, je savais que je ne garderais pas ce poste très longtemps, j'avais envie de voir plus grand.

Ma « carrière » n'a réellement pris sens que lorsque je me suis mise sur Youtube fin 2012. J'entrais alors en Master 1 marketing communication et n'imaginais pas un instant que cela puisse un jour être mon quotidien.

J'avoue, j'ai un moment voulu arrêter mes études. À quelques semaines de la fin du master, je ne trouvais ni le temps ni l'énergie nécessaire pour rendre mes dossiers, étudier correctement, assimiler ce que l'on m'enseignait... Je me sentais dépassée, ne trouvais plus le sommeil, devenais irritable et ne comprenais pas pourquoi la vie me faisait galérer autant. J'avais une activité en ligne qui m'apprenait plus que tout autre parcours et pouvais déjà en vivre. Je ne voyais alors qu'à court terme.

Aujourd'hui, je suis tellement fière d'avoir construit mon projet professionnel en parallèle de mes études ! Et je suis convaincue que je ne pourrais pas gérer mon activité de manière aussi cohérente et construite si je n'avais pas eu cet enseignement scolaire et universitaire.

À 27 ans, je partage aujourd'hui ma vie entre ma maison à Barcelone, les avions de 7 heures du matin direction Paris, et les longs courriers à travers le monde. J'ai cette chance-là et n'aurais, véritablement, jamais pensé que cela soit possible. Je fais partie des optimistes joyeux, de ceux qui voient le bon plutôt que le mauvais et qui sont heureux voire comblés de chaque aventure. Je me suis récemment fait cette réflexion : voilà plusieurs années que j'ai la

sensation d'être au maximum de ce que la vie peut m'offrir et j'en suis comblée. Et puis finalement, les mois passent et se remplissent encore d'expériences merveilleuses, de rencontres et de nouveaux voyages. Comme si j'étais bien loin du compte et que je n'avais aucune idée de ce que ce « maximum » pouvait être.

C'est aussi pour ça que j'ai eu envie d'écrire ce livre. Parce que les voyages que j'ai eu la chance de faire jusqu'à présent ont fait de moi la personne que je suis. J'ai aujourd'hui comme une envie de partager ce que j'ai découvert, appris et ressenti tout au long de ces quelques années de vie et d'expériences.

Prenez cet ouvrage comme un guide.

Comme un guide pour vous aider à construire vos prochaines échappées et apprendre à en profiter pleinement. Un guide qui saura vous accompagner dans chacune de ces étapes afin que vos prochaines expériences de voyages soient inoubliables.

Un guide, aussi, qui vous permettra de voyager, sans pour autant partir, et de profiter de ce que j'ai pu apprendre et découvrir au fil de mes escapades.

Et c'est naturellement que les voyages prennent place dans ma vie de « Safia Vendome ». Parler de son quotidien est une chose, tenir sa communauté en alerte en est une autre. Alors quand je peux avoir une photo sous un cocotier ou dans un temple bouddhiste, je me dis que cela change du parc Güell ou de mon canapé.

Au-delà de ce que je me mets en tête, de mes projets personnels que j'ai envie de voir naître, je collabore avec de belles marques tout au long de l'année. Encore une fois, les opportunités de voyages sont très fréquentes. Entre Santorin pour une nouvelle collection de lingerie et le Japon pour de nouveaux produits de douche, je ne m'arrête jamais. Je me prends parfois à trouver cela étrange de ne pas avoir de voyage prévu dans le mois qui suit. Sacrée habitude.

Ce que je vous raconte dans ce livre est vrai - mais raconter ma vie pour vous raconter ma vie n'était pas dans mon programme. Alors j'ai eu envie de vous proposer des chapitres de voyages que vous pourrez lire à la suite ou séparément, des moments de vie, qui, je l'espère, vous accompagneront pendant quelques semaines et vous feront du bien.

Fin 2016, j'ai fait le bilan de ce que j'avais eu la chance de découvrir sur les douze derniers mois. J'en suis venue à la conclusion que j'avais voyagé au moins une fois par mois entre la Colombie, le Brésil, l'Italie, les États-Unis ou encore la Grèce. J'avais beaucoup à raconter, beaucoup de souvenirs à partager et cet ouvrage a pris une dimension encore plus grande, celle d'un réel partage d'expériences et de bons plans, plus qu'un simple récit de vie. Bref, je me lance ce défi de petit guide, à mon échelle, sans prétention, avec seulement mon expérience et ma bienveillance en poche.

Je suis une amoureuse des voyages et j'apprends à chaque instant à profiter du moment pour le vivre encore plus à fond. Pour apprendre encore et savourer toujours plus. Alors si vous êtes prêts, je vous embarque dans mon livre, dans mes voyages, dans votre guide.

À l'heure où je commence ce récit, je suis dans un avion entre Rio de Janeiro et São Luís. C'est un bon début, n'est-ce pas?

Au premier voyage on découvre, au second on s'enrichit.
Proverbe touareg

COMMENCER SA VIE

Ma mère, les langues et moi

Pourquoi les voyages ont-ils toujours fait partie de ma vie, de mon existence? Qui sont ces personnes qui m'ont donné ce goût et ont, les premières, partagé leur expérience d'ailleurs avec moi?
Il y a toujours ces quelques êtres sur notre route qui, au tout début de notre vie, jouent un rôle prédominant dans notre apprentissage. Ces événements et coutumes, ces histoires, cet environnement qui nous donnent les ailes dont nous avons besoin pour devenir qui nous serons ensuite.

SOUVENIR D'ENFANCE

mes grands-parents, voyageurs avant moi

Maman aime bien me raconter ces périples d'été, la vieille voiture de mon grand-père remplie jusque sur le toit. On ne part pas « au bled » sans un minimum de préparation. Ils étaient nombreux. Je n'arriverai jamais à comprendre comment ils faisaient. « Ils », c'était ma mère, sa sœur cadette et leurs frères. Il y avait ma grand-mère aussi. Cette femme que je n'ai finalement pas plus connue que mon grand-père. Pourtant, elle est partie quinze ans plus tard.

Je n'ai commencé à avoir de relation avec ma grand-mère qu'autour de mes 20 ans. J'avais bien plus de liens avec la mère du compagnon de ma propre mère qu'avec « Ztsé », comme on l'appelait.

Elle m'impressionnait, me faisait presque peur. J'en viens à avoir honte de dire ça car je sais, qu'au fond, elle me manque terriblement. Je sais que j'aurais aimé partager cent fois plus de moments avec elle. Apprendre à la connaître, à connaître sa vie.

Elle était dans sa bulle et entendait des voix. Elle parlait un français approximatif et j'étais une jeune fille bien trop polie et respectueuse pour lui demander pourquoi elle parlait aux esprits. Jusqu'au jour où j'ai compris qu'elle aussi n'avait qu'une vie et qu'il était bienvenu que je lui pose toutes les questions du monde.

*

Ma grand-mère vivait seule depuis des années déjà. Je l'avais toujours connue dans ce dernier étage du quartier de Neudorf à Strasbourg. Ma mère avait vécu ici aussi. Elle connaît tout le monde là-bas. On avait l'impression que ses amis de la cour, avec qui elle passait son temps, venaient du monde entier. Il y avait forcément des Maghrébins, comme nous, mais aussi des Français et des Italiens. Finalement tout le monde se fichait pas mal de savoir d'où l'on venait. Les enfants jouaient dans la cour et les parents discutaient ensemble. Les Mamans s'entraidaient, les papas échangaient sur l'actualité sportive.

et moi qui pensait n'avoir jamais eu de frange avant aujourd'hui :)

La vie d'un quartier populaire où il fait bon vivre. L'appartement de ma grand-mère était immense et j'ai bien dormi plusieurs fois entre mes deux grands-parents dans leur lit de géants. À mon souvenir, il y avait « Jdé » à ma droite et ma grand-mère à ma gauche. Entre ces deux êtres dont je ne comprenais pas encore bien le pouvoir et l'importance.
Le père de ma mère, « Jdé », est parti lorsque j'avais cinq ans. C'est peut-être le premier souvenir que j'ai, allez savoir.
Je ne sais d'ailleurs pas pourquoi je dormais avec eux. Ce n'est pas comme s'il n'y avait pas trois chambres et un très grand salon ! Mais en me remémorant cela, je suis la plus heureuse. Heureuse d'avoir pu partager ces moments intimes avec les parents de mon adorable Maman. Je me réveillais avant eux. On sait pourtant que les anciens sont des lève-tôt. Et là, je me demandais simplement combien de personnes pouvaient dormir dans ce lit et même, où avaient-ils dégoté ce truc aussi grand ? On était bien dans le lit de « Jdé » et « Ztsé ».
Les draps étaient doux, la lumière entrait nous caresser les joues le matin, on pouvait s'étirer autant qu'on le souhaitait. Et surtout, j'étais entourée de deux personnes qui apprenaient elles aussi à m'aimer et qui étaient pleines de curiosité envers moi.

*

Mes grands-parents sont arrivés en France à la fin des années 1950. Soucieux de pouvoir donner une meilleure vie à leurs enfants, ils n'ont pas hésité à remonter de Aït Ayad – Kabylie – jusqu'à Strasbourg pour y faire leur nid. Je ne sais pas bien pourquoi ils ont choisi cette destination. Comme s'ils voulaient fuir le plus loin possible afin d'y trouver une paix intérieure tant méritée.
Il me semble qu'un morceau de notre famille était déjà présent en Alsace. Je sais aussi que Ztsé a des frères et sœurs à Reims. Comme un esprit de réunion, et en tête la quête d'un nouveau chez soi qui rassurerait autant que le précédent, entouré de ceux que l'on aime, qui sont notre sang et notre histoire. Mes grands-parents arrivèrent dans le nord-est de la France, le Bas-Rhin. J'ai maintenant une immense affection pour cette région. Comme si une partie de moi était toujours là-bas, comme si c'était un chez-moi caché, que je gardais enfoui pour les moments où j'aurais besoin de me sentir rassurée.

*

Quand ma mère me montre les photos de leurs villages aujourd'hui, je n'ai qu'une envie : monter dans un avion et aller rendre visite à ses cousines et tantes. C'est un peu comme si tout le village appartenait à la même famille. J'ai beaucoup de mal à saisir mais je trouve ça parfaitement pur et serein.
Il y a la maison de mes grands-parents. Ce petit immeuble qu'ils ont construit en toute discrétion alors que leurs enfants n'y allaient pratiquement jamais. Il y a maintenant trois étages, comme s'ils avaient prévu, qu'après leur départ, on aurait

certainement envie de tous s'y retrouver pour se rapprocher. Ce n'est pas exactement ce qu'il se passe mais les histoires de famille, on ne comprend pas toujours bien…
Quand ma mère et ma tante se filment (comme dans des vlogs !) lors de leurs séjours en Kabylie, je me rends compte que, là-bas, on sait à quelle heure on part de chez soi, mais jamais à quelle heure on arrivera à destination. Alors oui, on a vite fait de croiser Atman le cousin, fils de Rviha, la tante, ou encore Amin le petit dernier de la famille – Maman dit que c'est son chouchou. On se retrouve vite à prendre le thé chez Nabila, et à aller faire une bise à la sœur de ma grand-mère qui ne parle que le kabyle.

*

Dans le village de ma grand-mère, tout le monde échange, les enfants jouent dans les rues et les hommes construisent les maisons. Les femmes sont chez elles, préparent le repas ou font les lessives. Elles s'entraident, elles discutent et rient ensemble.
Le tracé des rues est approximatif et les toits sont plats. En grimpant sur les maisons, on peut apercevoir la mer à quelques kilomètres et, sur l'autre flanc de montagne, le village de mon grand-père. Le soleil tape très fort, indéniablement.
De l'autre côté, dans le village de mon Jdé, qui porte d'ailleurs notre nom de famille, il ne reste qu'une maison. Les autres ont été abandonnées et envahies par les oliviers et autres plantes sauvages. Il ne reste que de magnifiques ruines dont personne ne prend plus soin. Mon grand-père repose tout près depuis 1994. Je ne lui ai jamais rendu visite.

*

Alors c'était ça. Quitter cette Kabylie pour quelque chose de meilleur dans une situation économique et politique difficile. Chercher un avenir meilleur, un air plus doux. Mais quand je vois les « vlogs » de ma mère et ma tante, je me dis que ma paix se trouve là-bas. L'héritage d'une richesse qu'il me faut aller découvrir.

*

Je ne suis jamais allée en Algérie. Ma mère a cessé ses voyages pendant plus de vingt ans. Ce n'est que lorsque j'ai commencé à voyager seule qu'elle s'est décidée à y retourner. Sa chère Maman y est décédée peu de temps après. Comme un lien indescriptible, un retour aux sources pour pouvoir, un ou deux étés, partager des moments précieux avec son adorable Maman. Je me suis toujours dit que ma mère avait dû le sentir. Cela ne faisait pas deux ans qu'elle y retournait régulièrement quand Ztsé a rejoint Jdé. Une histoire tout écrite.
Pendant des années, je n'ai eu aucune attirance pour ce pays. J'imaginais l'Algérie comme le Maroc en moins beau, moins riche culturellement. Je me disais que ce n'était pas possible que deux voisins aient tous les deux les mêmes beautés. Que le Maroc était trop beau pour que l'Algérie puisse l'atteindre.
Puis j'ai vu les premières photos du retour de ma mère. J'ai vu les singes le long de la route qui mène à la plage. Les montagnes comme en Corse et le sourire des gens. J'ai vu que cela

n'avait rien à voir avec ce que j'avais déjà pu voir. Rien à voir avec la France, rien à voir, non plus, avec le Maroc. Que cela ne ressemble qu'à ce que c'est. Aucune comparaison n'a lieu d'être et je reste persuadée que cela vaut pour tous les pays du monde car chacun est unique et authentique.
Depuis ce jour, j'ai décidé que j'irai en Algérie. Il ne me reste plus qu'à me bouger les fesses et aller obtenir un visa ou même un passeport algérien – le rêve un peu chauvin de ma Maman.

*

De par notre histoire, nous sommes tous des voyageurs. Des chercheurs de bonheur aux quatre coins de la planète. Que l'on soit immigré, avec une partie de nos racines dans un autre pays ou simplement des curieux du monde, nous sommes tous des voyageurs, à notre façon.
Notre curiosité nous porte tous vers de nouvelles découvertes, de nouveaux lieux, sans pour autant avoir besoin d'aller loin. Visiter la Normandie quand on vit à Paris est un voyage. Facile, accessible mais un voyage quand même. Rencontrer sa famille de l'autre côté de la Méditerranée est à la fois un voyage culturel à la découverte de qui l'on est soi-même. Savoir d'où l'on vient pour mieux comprendre où nous allons. Chaque expérience est un voyage et il n'est nullement question de moyens, de temps ou de compagnie. Voyager pour soi, sans prétention, est la chose la plus instructive que je connaisse.

MAMAN

D'aussi loin que je me souvienne, il y a toujours eu des voyages dans ma vie.
Et il y a ma mère. Cette femme qui est tout pour moi, qui m'a construite et a tout donné pour que je sois quelqu'un de bien. Je me demande si elle ne considère pas cela comme la mission de sa vie.
Et puis il y a ce que je me suis proposé de réaliser à différents moments de mon existence. Ce qui, en apparence, n'a rien à voir avec elle. Mais tout commence vraiment par ma mère.
J'ai appris à voyager avec ma Maman. C'est elle qui m'a tout inculqué. Ou du moins, c'est elle qui m'a donné le goût du voyage. Qui m'a appris à me défaire des limites et des conventions. À ne pas faire attention aux obstacles qui s'érigent sur notre chemin. Ma mère est ainsi. Elle remplit sa valise, prend sa voiture, me donne la carte Michelin et démarre. Ma mère ne se demande jamais où nous allons dormir ni même où nous allons tout court. Partir avec ma Maman a toujours été « partir à l'aventure » et j'ai longtemps détesté ça.

*

Alors oui, d'aussi loin que je me souvienne, il y a toujours eu des voyages dans ma vie. Il était toujours question de partir, même si le compte en banque n'était pas le plus joli de la ville ou même de l'immeuble. À l'époque, cela devait sûrement être beaucoup plus facile, mais s'évader a toujours été une priorité. On ne vit pas son quotidien de la même manière quand on a la chance de pouvoir s'en couper.
Alors on partait. La vieille Golf de ma mère remplie de nos affaires pour l'été. On prenait la route entre Strasbourg et Grenade, dans le sud de l'Espagne. Je me souviens d'une fois où je dormais à l'arrière. Je me réveille et vois le ciel à travers la vitre, la tête tournée vers le ciel. Je suis encore assez petite pour ne pas avoir à trop plier les jambes pour être bien. Ma mère conduit. Elle écoute encore certainement Regg'Lyss, Idir ou Salif Keita. Parce que même nos oreilles voyagent. Toujours, avec ma mère.

Elle m'emmène chez son ami José. Elle le dit à l'espagnole avec un accent français. Ma mère n'a certainement jamais su parler espagnol plus que ça. Elle nous emmène à travers ces deux pays, sur ces routes de vacances qu'elle empruntait avant pour se rendre en Algérie avec sa famille.
Alors nous voilà sur les routes d'Espagne à rejoindre José et son chien Gris.
C'était notre rituel, notre habitude. Notre escapade à nous, entre mère et fille. La chaleur andalouse, la musique du flamenco, la gentillesse de José et la tendresse de Gris. Je ne me rappelle que très peu ces moments-là. Je revois des photos et me crée des souvenirs. Les rues de Grenade en escaliers, le balcon de la maison de José. Sa calvitie aussi. Et ma Maman resplendissante dans ses pantalons taille haute ou ses robes qui volent.

RENCONTRE ENTRE JOSÉ ET MA MÈRE

(racontée par elle-même)

Je me souviendrai pour toujours de mon premier voyage en Andalousie.
1985, l'année de mes 25 ans.
Pourquoi l'Andalousie ? Une attirance pour cette région du Sud de l'Espagne, gouvernée pendant plusieurs siècles par les Ottomans ? Peut-être ou même certainement.
C'est comme ça que je l'explique.

Strasbourg, Ponferrada dans le Nord de l'Espagne, rendre visite à mon ami Eric d'origine espagnole qui venait de quitter Strasbourg pour revenir au pays.
Après plusieurs jours passés dans le Nord de l'Espagne, je partais au volant de ma petite Volkswagen qui affichait plus de 150 000 kms au compteur.
Même pas peur !!! Adviendra ce qui il adviendra.

Et me voilà, avec un seul but : me rendre en Andalousie pour la première fois de ma vie mais pas la dernière.
Je ne me souviens plus très bien du trajet. Une halte à Barcelone. Le souvenir que j'en garde : ces majestueux lampadaires qui dataient de plusieurs decennies. Des oeuvres d'art.

Je roule, roule sans m'arrêter jusqu'à à arriver à Valencia. Je me souviens de sa gare en briques rouges et ses magnifiques vitraux.
Puis Murcia. Là, je me sens en Andalousie.
Je change de monde et me sens bien.
Les routes bordées de bornes rouges et blanches m'informent des kilomètres qui défilent sous une chaleur de plomb.
Et enfin Granada. J'ai loué une chambre dans un petit hôtel près de la cathédrale.

Arrivée dans la ville, il faut que je gare ma petite "titine" et m'engage dans une ruelle étroite.
Et là, au milieu de la route, une dizaine de mobylettes.
Je me souviens de cette chaleur accablante et vitres ouvertes évidemment.
Je pense très fort : "des mobylettes au milieu de la rue, j'aurais tout vu !!!!". Et là, un homme me répond en bon français avec un bel accent espagnol "ce n'est pas une route mais une ruelle !!!!!
Il tient une agence de livreurs en mobylettes. Il demande à ses salariés de libérer la place pour que je puisse me garer et s'ensuit alors un dialogue entre nous.
Nous nous mettons d'accord pour nous retrouver un peu plus tard pour qu'il me fasse visiter Granada.
Grâce à lui je découvre cette ville à la façon espagnole.
Quelle chance
A partir de ce moment une belle amitié naît. Elle durera des dizaines d'années.
Il s'appelle José, aujourd'hui je ne sais pas ce qu'il est devenu.
Pendant plusieurs années, seule et ensuite avec toi, nous sommes allées en vacances en Andalousie.
Ton premier voyage s'est fait en avion (tu avais 9 mois).
Strasbourg, Malaga avec la poussette canne et le chauffe biberon puis voyage en car pour sillonner toute l'Andalousie Cadix, Seville, Cordoue et Granada. Je me souviens de belles rencontres.
Les voyages suivants se font en voiture et à chaque fois José est là pour nous recevoir à Granada. Cette ville magique avec sa place St Nicolas et la vue imprenable sur l'Alhambra.
Quels beaux souvenirs !!!!
Je me dis quelques fois que si tu t'es installée à Barcelone c'est grâce, ou à cause, de ces voyages. Je n'oublie pas que ton premier mot (après maman évidemment), c'était "perro". (chien en espagnol).

Te souviens-tu des moments que tu passais assise sous la douche et tu riais aux éclats?

Il y a ces photos. Ces moments de vie qui font resurgir les souvenirs et les accompagnent. J'ai réellement une mémoire de poisson rouge, alors je remercie ma tendre Maman d'avoir su déclencher le flash à chaque instant. Je vois la douceur de l'instant et la tendresse des personnes. Je vois tout ça. Je vois bien que nous étions heureux et que la simplicité du moment nous offrait des instants de joie, de rire et de partage. C'est assez singulier comme situation. Cet homme qui n'est ni mon père, ni mon oncle (car je cultive une relation très filiale avec mes oncles… vous comprendrez pourquoi) et qui, contre toute attente semble me porter dans son cœur. Semble aimer notre présence à toutes les deux. Je sais que José et ma mère ont été de merveilleux amis l'un pour l'autre et je crois encore au miracle de leurs retrouvailles grâce à n'importe quel réseau social par exemple.
Qui sait ?

José, c'est l'homme qui vit ailleurs. Celui que l'on voit l'été et avec qui on va à la rivière. Celui qui potentiellement est en vacances en même temps que nous et celui qui a le chien le plus chouette de la planète.

Je n'ai jamais compris ce que faisait José dans la vie, je ne l'ai d'ailleurs appris que quand je l'ai demandé à ma mère dans le cadre de ce livre. Je n'avais d'ailleurs pas idée que cet homme fasse autant partie de mon récit mais, je me rends compte en écrivant à quel point il a contribué à la construction de mon enfance.

C'était l'homme qui vivait ailleurs. L'homme que l'on voyait l'été et avec qui on allait à la rivière. Nous sommes en 1991 ou peut-être 1992, la mémoire de ma mère ne peut nous le dire avec certitude.

Pour la première fois, nous avons décidé toutes les deux (pour autant que je puisse décider à l'âge de 2 ans) de nous rendre en Andalousie. Ce ne sont ni les kilomètres ni la chaleur qui pourraient dissuader ma mère. Cet été, c'est certain, nous ferons le tour de l'Andalousie toutes les deux, dans cette petite voiture qui en a étonné plus d'un.

Malaga, Séville, Almería et Grenade – l'ordre importe peu, n'est-ce pas ?

Un mois pour découvrir cette région du monde si particulière entre paëlla, flamenco et inspirations orientales.

Quand ma mère me raconte, je comprends rapidement qu'elle fait ici appel à des souvenirs auxquels elle n'a plus pensé depuis bien longtemps. Je comprends aussi que tout est pourtant très clair, très fluide et surtout très réjouissant.

*

En janvier 2016, Guilhem – mon compagnon – et moi sommes allées à Grenade. C'était un de ces retours en arrière qui vous laisse un peu perdu. J'avais l'espoir caché de me remémorer des choses, de retourner dans le passé et de revoir ma Maman et ses beaux cheveux frisés. De me revoir toute petite, amoureuse d'un chien, alors que pendant des années après j'aurai peur de tous les autres. L'espoir de se sentir chez soi et de croiser José au détour d'une ruelle. J'y ai vraiment cru, je vous l'avoue.

Je regardais chacun de ces hommes comme s'ils étaient lui. Je les scrutais et espérais qu'en le croisant, il se rappellerait de moi. Je ne suis pas certaine que ce soit possible.

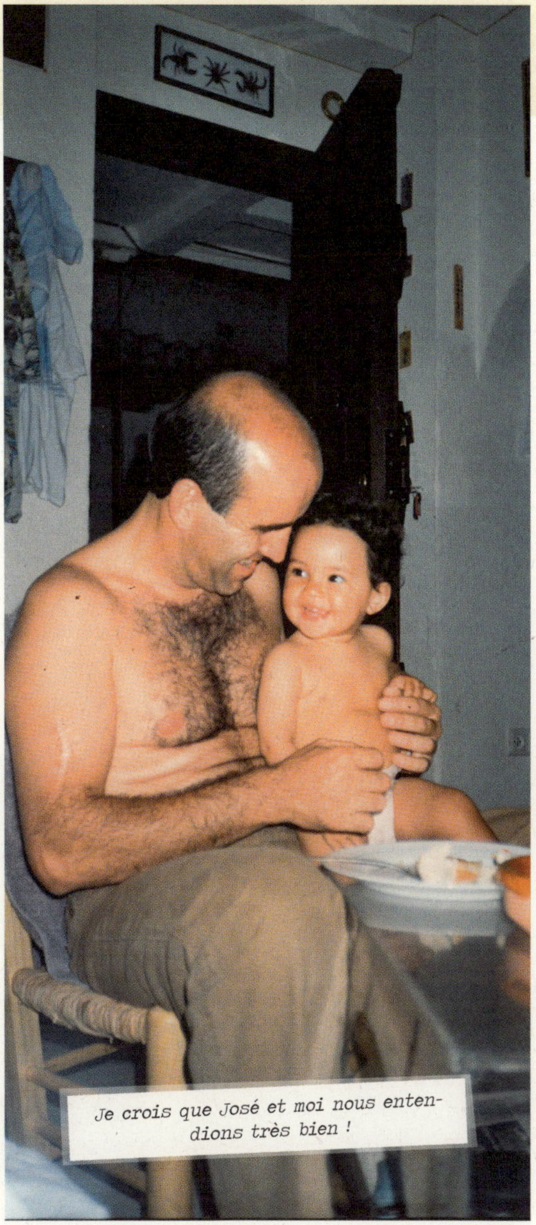

Je crois que José et moi nous entendions très bien !

Parce que la vie des voyages est aussi la vie à distance. Les gens nous marquent, et créent une empreinte dans notre mémoire. Mais nous ne les revoyons pas toujours tous. C'est ce qui en fait la richesse. Une ribambelle de souvenirs à gratter et à dépoussiérer pour en avoir les larmes aux yeux. Un moment de nostalgie et de questions. Alors on va sur Facebook, on les cherche, mais on a oublié leur nom de famille. Ou alors ils n'ont pas Facebook.

C'est ce qui est arrivé avec ce cher José. Il y a eu cette femme qui, un jour, a envoyé un message privé à ma Maman. Elle lui dit que José cherche à entrer en contact avec elle. Qu'il vit toujours à Grenade et pense souvent à elle.

Cette lueur n'a finalement abouti à rien. Mais on en arrive à se dire que nous ne sommes finalement pas seuls à nous remémorer les vieilles histoires et à imaginer ce que chacun est devenu depuis.

Partir avec sa Maman, c'est un peu partir avec une moitié de soi-même en plus. Du moins c'est ce que je ressens. C'est comme si nous pouvions tout envisager, n'avions même pas à réfléchir à « est-ce que ça lui plaira ? ». Partir avec sa Maman, c'est s'assurer de partir avec la bonne personne.

Nos mères sentent tout. Savent tout. On a peut-être parfois tenté de l'ignorer, de faire comme si de rien n'était, mais nos mères ont ce don. Je suppose que c'est chimique, physique, naturel.

Partir avec ma mère est un peu partir avec une partie de moi qui aurait plus d'expériences et qui, en même temps, n'aurait pas vécu mes propres expériences. Une partie de moi que je comprendrais aussi bien que si elle était totalement moi. Une partie de moi qui me comprendrait aussi que bien que si j'étais une partie d'elle. Il se crée une sorte d'équilibre d'amour et de bienveillance entre les générations.

Dans tout ce que je dis, vous ne verrez certainement le mot « papa » que peu de fois. Je ne connais pas mon père.

J'ai été élevée par ma mère. Nous vivions à Schiltigheim (Alsace) dans un immense appartement qu'elle ne pourrait certainement plus s'offrir aujourd'hui.

J'avais mes cousins à mes côtés, mes tantes, mes oncles.

L'école était en face de la maison et, dès la primaire, j'avais cette frénésie de mouvements.

MAMAN

7 ANS

— Maman, je voudrais bien aller à l'école Sainte-Madeleine pour être au conservatoire de harpe aussi.
— Ok.

8 ANS

— Maman, j'aimerais bien arrêter la harpe parce que je n'aime pas cette enseignante trop sévère avec moi. D'ailleurs, j'aimerais bien aller à Exen Schweitzer plutôt que Exen Pire comme toutes mes copines de maternelle.
— Ok.

10 ANS

— Safia, on déménage à Nantes, tu verras ça va être génial.
— Ok.

13 ANS

— Safia, on déménage encore. Encore. Encore.
— Ok. Ok. Ok.

14 ANS

— Maman, il y a ce voyage scolaire en Italie.
— Ok.
— Maman, il y a cette colo de surf à Mimizan.
— Ok.
— Maman.
— Ok.
— Safia.
— Ok.

15 ANS

— Safia, on déménage à Grenoble.
— Ok.

16 ANS

— Maman, j'aimerais bien aller au lycée en ville plutôt qu'à la campagne.
— Ok.

17 ANS

— Maman, il y a ce voyage à Chicago.
— Ok.

18 ANS

— Maman, je quitte la maison…

19 ANS

— Maman, je pars en Colombie…

20 ANS

— Maman, je pars faire mes études à Épinal, à Saint-Étienne, à Lyon.
— Ok.

25 ANS

— Maman, je pars vivre en Espagne…

Pendant des années ma mère travaillait en intérim. Elle ne savait pas vraiment quand elle aurait des jours de libre, ou plutôt, quand elle déciderait d'en prendre. Puis un soir, elle décide que dans cinq jours nous partirons au Pays basque. Qu'il y a les ferias en ce moment, que ça sera sympa. Elle se dit ça comme si c'était facile. Comme si Nantes était la porte à côté de Dax ou même de Biarritz. Comme si les logements n'étaient pas réservés un an à l'avance, comme si la vie était légère. Elle en fait une légèreté, voilà sa force, après tout.

Alors à mon tour de faire ma valise, de faire un bisou à mes copines et de leur donner rendez-vous quelques jours plus tard. On ne sait jamais trop quand. « On part à l'aventure », dit-elle.

Je prends la carte, lui indique la route, les départementales, les nationales et seulement parfois les autoroutes. C'est ainsi avec ma chère Maman. En arrivant, on trouve l'office du tourisme pour y chercher un hôtel, un camping ou une auberge. On demandera à la femme bien trop occupée s'il reste des logements disponibles dans cette ville envahie de touristes. Elle nous dira que c'est compliqué et nous donnera la liste de ce qui est référencé chez elle. Airbnb n'existe pas encore, on ne sait pas que, plus tard, tout sera bien plus facile, mais aussi moins émouvant.

On appelle, un, deux, trois numéros. Désolé, c'est complet. Ah, mais vous savez avec les ferias, il faut s'y prendre en avance! Vous n'avez pas réservé? S'ils savaient que sept jours plus tôt nous ne savions même pas que nous serions là aujourd'hui...

Je m'inquiète. J'ai 13 ans et je m'inquiète. Je suis pourtant habituée. Je sais comment fonctionne « l'aventure » avec ma Maman. Je sais qu'elle finit toujours par trouver un toit et que même si on dort dans la voiture, elle la transformera en lit douillet. Ma mère a ce don.

Alors on sort de l'office. On s'assied sur les marches en pierre et on continue de chercher des numéros. Je m'inquiète. J'en veux presque à ma chère Maman. Je lui en veux de ne pas savoir prévoir. De ne pas vouloir m'offrir cette stabilité. De ne pas aller tous les ans au même camping avec piscine. Où je pourrais avoir mes copines et construire ma routine. Connaître les moniteurs et participer aux soirées à thème. Je lui en veux d'être autant « à la cool » et de ne pas vouloir changer. Elle dit toujours « on verra l'été prochain ». Alors elle cultive cet espoir en moi, celui de construire quelque chose de routinier, de stable et rassurant. Aujourd'hui, je me dis que je ne réalisais pas la chance que j'avais et que j'étais bien bête à 13 ans.

Puis arrive cette femme. Le genre de femme qui prévoit ses vacances en avance. Qui a au moins trois enfants, une jolie maison avec jardin. Je ne pense pas qu'elle ait de chien. Elle fait ses courses au marché et porte de grandes robes à fleurs. Elle est du Sud, avec ses cheveux grisonnants, son âge certain, son sourire. Elle est arrivée sur notre route.
Encore aujourd'hui je me demande quel miracle a opéré à ce moment-là. Je me demande pourquoi cette femme est arrivée en bas de cet escalier de pierres. Pourquoi elle nous a vues et a compris que nous cherchions un logement. Pourquoi.

Il y a du monde, du va-et-vient devant cet office du tourisme. Mais elle nous repère. Comme un ange tombé du ciel, elle nous demande si nous cherchons un logement pour notre séjour. Oui, c'est ça. Elle nous dit qu'elle a une chambre dans sa charmante maison. Elle nous donne certainement le prix. Il nous va certainement aussi. Je me pose mille questions.

Que fait-elle ici ? Pourquoi n'est-elle finalement pas rentrée dans l'office après nous avoir parlé ? Est-ce un envoi du ciel ? Comment puis-je remercier le destin ? Que dois-je dire ? Peut-être juste merci !

Elle nous conduit alors chez elle. Je reste intriguée. Ma mère est simplement contente d'avoir enfin trouvé, mais ma mère… ma mère sent les choses. Elle savait que nous allions trouver. Elle ne se dit jamais que ça va mal finir, que nous n'allons pas y arriver. Elle a foi en l'avenir et reste calme face à ces situations.

Et nous voilà logées chez cette femme que nous n'aurions certainement jamais côtoyée dans la vraie vie. Elle est charmante et élégante. Elle a ce petit quelque chose des gens que l'on ne pense pas croiser sur notre route. Cette femme est une surprise de la vie.

Parce que certaines fois il faut simplement y croire. Croire en sa bonne étoile et voir ce qu'il se passe. Il ne s'agit pas de forcer le destin ou de sauter sur la première occasion qui semble être bonne. La vie nous réserve toujours des surprises, des moments inattendus qui nous donnent foi en l'avenir. Cette femme dont je ne me rappellerai probablement jamais le prénom faisait partie de cette mécanique. De cette écriture de la vie qui vous donne envie d'y croire quand rien ne va. Parce que, croyez-moi, ces vacances n'avaient rien d'une session de bronzette ou d'un événement mûrement réfléchi. Il s'agissait davantage de fuir le quotidien, d'être loin de ce que la routine nous impose, de prendre du recul sur la vie qui, à ce moment-là, n'était pas évidente pour nous.

Ce sont des moments suspendus. Des lueurs d'espoirs dans le tumulte de nos vies, dans les secousses que nous traversons.

Cette femme ne doit certainement pas savoir à quel point ce moment est un souvenir ancré en moi. Elle ne doit pas se douter de tout ça et ne nous a peut-être vues que comme une mère et sa fille à la recherche d'un logement pour la nuit. Mais c'était bien plus que ça, nous cherchions surtout un cocon où nous réfugier un instant pour prendre la distance nécessaire et savourer le fait que, nous deux, nous soyons toujours ensemble, à jamais !

Aujourd'hui, je voyage cent fois plus qu'il y a encore deux ans. Et malgré tout, je n'ai plus la possibilité de partir avec ma chère Maman. Je ne sais plus exactement à quoi cela ressemble. Je ne sais même plus exactement ce que cela fait de passer plusieurs jours rien qu'avec elle. J'aime ma mère du plus profond de mon cœur,

elle est ma vie et me manque tous les jours un peu plus fort. Je la vois pourtant régulièrement mais dans un tumulte de choses, de travail et de relations. Jamais rien qu'elle et moi.
Alors chaque fois que je pars, j'essaie de l'embarquer avec moi à travers mes photos, mes messages. Je sais qu'elle rêve de partir. Je sais aussi que cela ne lui est pas facile. Alors, dans un coin de ma tête, j'attends ce moment où ni elle ni moi n'aurons de travail pour, sur un coup de tête peut-être, l'emmener se changer les idées dans un pays qui la fait rêver.
Ce livre n'est pas une ode à l'amour maternel. Il n'est pas non plus une déclaration ou une évocation de ma relation. Simplement, j'ai cette sensation que ce que je vis et mets en place m'a été insufflé par cet être qui m'a élevée.

À force de n'avoir peur de rien, de ne trembler ni devant les distances, ni devant le manque d'argent ou les emplois du temps, ma mère m'a donné cette envie, cette force et ce courage. Parce que si, aujourd'hui, je voyage beaucoup, suis invitée à travers le monde et peux me permettre de visiter les pays dont je rêve, j'ai toujours suivi mon instinct. Que je sois seule ou accompagnée, j'ai toujours voyagé et découvert d'autres horizons. Simplement pour répondre à la petite voix intérieure qui me dit de foncer. Simplement pour suivre la voix de ma mère qui partait en Espagne en stop avec sa sœur cadette. Simplement pour ne pas me conformer et me laisser limiter par les diktats des sociétés un peu trop aseptisées et craintives. Et c'est d'ailleurs pour ça que je n'ai jamais eu peur de voyager seule…

Etre née quelque part

Je suis alsacienne. C'est absolument décalé de dire ça. Plutôt, je suis née en Alsace... c'est différent.

Aujourd'hui encore, on me demande régulièrement « Et tu viens d'où en France ? » que ce soit lors de mes voyages ou dans mon quotidien à Barcelone. Je ne sais plus quoi répondre. Je ne sais plus si je dois dire « Je viens de Grenoble » sous prétexte que ma mère y vit ou « Je viens de Strasbourg » parce que j'y suis née ou encore, option que j'ai beaucoup testée et pas forcément approuvée, « Ma mère vit à Grenoble mais je suis née à Strasbourg, j'ai aussi vécu à Nantes, Lyon, Épinal, Saint-Étienne, Madrid et en Colombie »... C'est un peu long vous ne trouvez pas?

Enfin voilà, tout ça pour dire que je ne sais pas réellement d'où je viens. Je suis née en Alsace, à Schiltigheim et je vis maintenant à Barcelone. Entre les deux, c'est un grand souk digne de celui de Marrakech ou du centre-ville de Bogotá.

J'ai vécu mes dix premières années à Strasbourg. Mais je n'ai réellement connu Strasbourg qu'à l'âge de 20 ans, quand j'y suis retournée pour un stage. Je travaillais aux Galeries Lafayette et vivais chez des amis de longue date de ma chère Maman. Ces amis qui sont là, tout comme José (lui aussi s'appelle José d'ailleurs, détail qui pour vous ne veut peut-être rien dire mais qui pour moi, à cet instant, prend tout son sens), faisant partie de ma vie depuis toujours. Ceux qui m'ont vue grandir aux côtés de ma mère, qui l'ont accompagnée dans sa vie, ceux que l'on aime comme une deuxième famille.
À 20 ans je découvre alors Strasbourg à travers mon indépendance nouvellement acquise. J'apprends à comprendre la ville. Les lieux résonnent comme de beaux souvenirs dans ma tête, la place Broglie, Neudorff, Cronenbourg (pas la bière, mais le quartier!), la Petite France, Obernai et tous ces villages aux noms à rallonge que j'entendais sans les situer. Aujourd'hui, j'apprends.

J'apprends à aimer le Bas-Rhin comme un vieux souvenir un peu viscéral. Un truc que l'on a abandonné pendant longtemps et qui nous revient en pleine face : « C'était ça ton enfance, ma petite! Tu te situes un peu mieux ? » Alors oui, je me situe carrément mieux, oui!

Je passais mon temps dans le tram et les bus, à la redécouverte de ce que j'avais vécu avant. Mon école primaire, le bâtiment à côté, où vivait mon copain Christopher, qui a terriblement vieilli (le bâtiment, pas Christopher!), le Cora à côté de chez Nathalie et José (ces fameux amis qui, pour moi sont des parents d'adoption, des amours de ma vie, des parts de moi), notre ancien immeuble et la barrière de chez ma grand-mère qui ne fonctionne plus depuis longtemps.

Je ne suis restée à Strasbourg que quelques mois, le temps de laisser Safia Enfant guider Safia Adulte dans le dédale de sa vie de petite fille. C'était magique.

Aujourd'hui, je ne retourne à Strasbourg que très rarement mais chaque moment là-bas est un retour en enfance. Chaque personne que je vois me rappelle ce que j'ai vécu. Ce sont, pour la plupart, des amis de ma mère. Ils m'ont vue grandir et savent me raconter des anecdotes qui me font rire.

Comme Nathalie qui me raconte ce complexe des mains propres, qui me colle depuis toujours. Qu'elle me voit encore sortir des toilettes, à 5 ans, les mains en l'air comme deux choses trop répugnantes pour les baisser, me diriger vers la salle de bains et frotter, consciencieusement, avant de revenir à une vie normale. C'est un truc qui me reste. J'ai seulement compris que je pouvais les baisser !

Et à Strasbourg, il y a ma famille. Du moins, il me reste un oncle et une tante. Je n'ai jamais été aussi proche d'eux que je le suis de ces amis maternels. Mais je les aime tout autant.
Quand j'étais petite, mon oncle était un peu comme mon père. Il m'emmenait en balade, me prenait en photo, m'emmenait manger des pâtisseries. Il prenait soin de moi à chaque instant. M'aimait comme son enfant et je l'aimais aussi fort en retour.

Avec tout ça, je me dis que j'étais faite pour n'avoir que peu d'ancrages géographiques. Parce que ma famille est immigrée, que ma mère a la bougeotte, que je ne sais pas réellement dire d'où je viens. Mais je me rends compte à quel point cela n'a aucune importance. À quel point cela m'a même aidée à me construire. À quel point la richesse des rencontres est la seule chose qui compte dans toutes les étapes de nos vies.

Quelques archives retrouvées dans les albums photo de ma mère

LA LANGUE ESPAGNOLE

Ma mère aime me raconter que le deuxième mot que j'ai prononcé après «Maman» a été *perro* («chien» en Espagnol). Comme le début d'une longue histoire sentimentale entre cette langue et moi.

Gris n'est jamais loin, vous voyez! Et pourtant, je me revois, sur le canapé de José, à écouter les informations dans cette langue dont je ne comprenais rien. Safia petite se dit que ça serait quand même vachement plus chouette que l'on capte les *Minikeums* ou même *La Petite Maison dans la prairie*. Mais non, les informations... et en plus... en espagnol. Quelle poisse!

Je ne me doutais pas alors que cela dicterait toute ma vie et que je ne voudrais jamais me défaire de cet espagnol avec lequel j'ai grandi et qui m'a aidé à devenir qui je suis.

Alors oui, je suis persuadée que ces aventures andalouses y sont pour beaucoup dans mon amour pour la langue espagnole.

J'utilise aujourd'hui l'espagnol dans mon quotidien. Voilà huit ans que je le parle couramment et j'ai cette sensation que cela était écrit.

Mais avant ça, il y a eu ce brouillon.

Cette première classe d'espagnol en quatrième, au collège. J'ai détesté la prof – comme on peut souvent détester des profs, on connaît tous ça. Elle allait si vite! Nous parlait de *nombre*, *apellido* et blablabla. C'est simple, du début à la fin, je suis restée bloquée sur ce mot, *apellido*... D'où ça sort? L'espagnol n'est pas qu'une question de A et O à la fin des mots français? *Nombre de familia*, ça ne va pas? Oh punaise, je suis perdue! Et ce Julien en face dont les parents parlent espagnol, il sait tout. Il m'agace! Taisez-vous, je suis perdue.

On était assis à des tables disposées en U. Et Mme Espagnol de s'asseoir sur ma table et de me tourner le dos pour parler au reste de la classe. Ok, donc pour les *apellido* et compagnie, je peux me débrouiller toute seule, c'est ça?

Je suis sortie de là en disant à mes copines que je détestais l'espagnol. Que je n'avais pas envie d'apprendre, que c'était tellement nul! Si je pouvais revenir à cet instant et me dire à moi-même de me taire plutôt que de dire des bêtises, ça serait drôle...

Puis l'année scolaire a passé et j'ai progressé. Je devais être plutôt douée.

Arrivée en seconde, j'étais la meilleure de ma classe, je commençais d'ailleurs à m'ennuyer. Mais je tenais le bon bout.

Puis vint la première. L'année la plus drôle de mon apprentissage. Je suis assise au premier rang. Comme souvent. Oui, je suis de ces élèves studieuses qui te disent «chut» si tu parles trop fort et qu'elle n'entend pas. Pardon. En étant au premier rang, il n'est pas rare que les professeurs soient dans notre dos, lors de leurs déplacements. Je m'ennuie. J'écoute. Je réponds aux questions dans ma tête. Je me fais des petits pièges. Je me questionne. Je suis dans mon monde. Je corrige, en silence, ceux qui se trompent. Je préfère largement écrire mes textes de vie, ces mots que j'aimais mettre en forme dans des cahiers ou sur des feuilles volantes plutôt que de participer.

J'écris que je m'ennuie. Que je ne souhaite pas prendre la parole par peur de gêner ceux qui ont encore plus besoin d'apprendre.

Je viens de débarquer dans ce lycée, personne ne me connaît et je sais que je finirai par passer pour la «première de classe»... alors autant la fermer.

Je remarque que l'enseignante essaie de me faire participer. Je réponds à ses questions.

Je ne me rappelais même plus d'avoir écrit cette lettre (grammaticalement imparfaite d'ailleurs)

Mamá,

Quería escribirte más pronto pero estamos muy ocupados. Lo siento.

Ayer, encontré a un francés que vive en Bordeaux, está acá por el semestre también. Vamos a ir a Cali con él. ¡Cali es la ciudad donde las mujeres son las más lindas de Colombia! ¡Es lo que se dice!

Pues, Caroline va a Carthagena este fin de semana, entonces Marion viene a vivir conmigo. Imagínate, yo sola en nuestro apartamiento ¡No podría!

Entonces, el sábado, vamos a celebrar el cumple de Monica con amigos. Arturo estará normalmente.

Esta noche voy a comprar los tiquetes pa Laeticia ¡Son baratísimos hoy!

El amigo de Caroline ~~está~~ llegado y ayer, tuvimos una cita con él a la entrada 45 a las 11 y punto. Lo buscamos al menos 15 minutos porque estuvo perdido en la UN.! ¡Que pena!

En Francia, hoy fue la vuelta a clase, todo el mundo es deprimido: ¡NOOOO, no quiero ir, sabes que este semestre va a ser lo más difícil!" Pobrecitos.

Pero, acá también es difícil pero la gente es muy amable y ¡aprendimos a coger las busetas!

Entonces, te dejo.

¡Ya hablamos sobre el Internet algún día!

Besitos, Cuídate,

Sofía

norma

Elle doit certainement penser que je n'ai aucun goût pour cette langue, et peut-être même que je suis nulle!
Puis un jour j'en parle à Maman qui me dit que si je ne veux plus m'ennuyer, je n'ai qu'à participer. Et c'est là que tout change. Je commence à participer dans un objectif d'aide de la classe. Ma professeure comprend alors que je ne suis pas «nulle», mais simplement muette. Elle est entrée dans mon jeu et me fait participer pour faire avancer le débat. Je ne suis plus celle qui s'ennuie, se tait pour laisser les autres avancer, mais plutôt celle qui tente de les aider à progresser plus vite. Bref, je suis contente et parle avec l'accent espagnol...

Je ne me sens jamais aussi bien que quand je parle espagnol. Cela, je l'ai compris quand j'ai vécu en Colombie.

Je vis maintenant en Espagne et chaque fois que je rentre en France, je me sens comme chanceuse de pouvoir partager une langue avec autant de personnes. C'est un peu étrange. Je ne ressens pas cela quand je suis à la maison, je n'ai peut-être pas le temps d'y penser et ce n'est pas ma langue maternelle.

Mais quand je suis en France, je mesure souvent quelle chance nous avons, tous, de pouvoir communiquer et échanger. Que cette langue qui nous unit est un lien fort. Que nous en faisons bien ce que nous voulons mais qu'elle fait partie de ce que nous sommes. Nous sommes nés en parlant en français. Nous sommes *tous* nés en parlant français. Alors même si la vie m'a donné la chance de pouvoir parler plusieurs langues et que l'espagnol est celle de mon existence présente, ce français que j'aime tant et que je partage avec vous est une langue dans laquelle je me sens bien.

Voilà un peu l'histoire de ma vie et de ses chamboulements.

À l'heure où je vous écris, j'ai eu, en tout, dix-sept maisons différentes. Enfin, je crois. Pas moins, c'est certain.

J'ai toujours été celle qui arrivait en cours d'année, qui se faisait des copines, que l'on aimait bien. Celle qui partait aussi plus tôt que les autres parce qu'elle avait de meilleurs plans ailleurs. Celle qui profitait des voyages scolaires alors que sa mère ne roulait pas sur l'or. Celle qui sortait un peu du lot.

Tout ça pour construire cette personne qui voyage, qui se nourrit des découvertes du monde.

Dans mon pays on ne donne pas, on partage.

SUIVRE SES ORIGINES

Le Maroc

Nous ne sommes pas qui nous sommes complètement par hasard. Tout notre environnement, notre entourage, ceux qui était là avant nous font ce que nous sommes. Mes origines, l'histoire de mes racines… je suis persuadée que cela a participé à la construction de mon chemin de vie.

Le voyage au Maroc avec ma mère est le dernier que nous ayons fait ensemble, elle et moi. Et il ne se passe pas un jour sans que je ne m'imagine à ses côtés, dans un avion qui nous guiderait vers le Cap-Vert par exemple. Je sais que cela viendra. Je suis patiente.

*

La dernière fois que je suis partie en vacances avec ma mère a marqué un tournant.

J'allais avoir 18 ans. C'était l'été 2008. Juillet. Ma mère savait très bien que peu de temps après j'allais emménager avec mon amoureux de l'époque. C'était le *deal* et c'était certainement nos dernières vacances ensemble avant un moment.

Elle m'a alors emmenée au Maroc.

Mon père (deuxième fois que j'en parle, je me suis sous-estimée !) est marocain et ma mère algérienne. Je ne lui ai jamais demandé, mais je suis certaine que ce voyage n'était pas anodin. Comme une envie de me faire connaître mes racines. À défaut de pouvoir voyager simplement entre mère et fille en Algérie, son pays, elle m'emmenait sur les traces de mon autre ascendance.

Je n'oublierai jamais ce voyage.

MARRAKECH

Comme d'habitude, nous avons pris les billets à la dernière minute. Une semaine avant il me semble. Nous partirions trois belles semaines, rien que mon adorable Maman et moi.
La veille de partir, on m'opère des dents de sagesse. Encore un *timing* parfait, vous remarquerez!

Début juillet 2008, nous atterrissions à Marrakech. On avait réservé un riad pour les deux premières nuits. Un taxi plus tard, nous découvrions ce lieu magique où nous allions commencer notre découverte. Il faisait une chaleur incroyable et je sentais que tout cela résonnait en moi. Les rues terreuses de la médina, les hommes vêtus de leur djellaba, les fenêtres arrondies, la salle de bains en terre aux formes généreuses. Et ces couleurs. Les mosaïques. L'appel à la prière. Ma mâchoire était gonflée comme la joue d'un hamster mais j'allais découvrir mes racines pour la première fois, aux côtés de celle que j'aimais le plus au monde.
Je ne suis pas retournée à Marrakech depuis. J'imagine que cela a déjà bien changé. J'ai le souvenir d'une ville qui bouge sans pour autant suffoquer. Une ville qui m'a fait perdre mon sens de l'orientation (que j'ai d'ailleurs très bon, tout le monde vous le dira – sauf la nuit – selon Guilhem).
Au bout des deux nuits, nous avons cherché un hôtel dans le cœur de Marrakech. Près de la place Jemaa el-Fna.
À travers les ruelles, on toque aux portes ou aux fenêtres. Des femmes nous accueillent et nous donnent les prix. On découvre ce quartier qui deviendra notre chez-nous pour trois jours de plus.
On choisit alors un hôtel perdu dans le dédale des ruelles dans lequel on nous propose une chambre avec deux lits séparés. La chambre est dans un patio au rez-de-chaussée.
Les murs sont couverts de mosaïques bleues et blanches. La femme porte le foulard simplement autour de ses cheveux. Elle a du henné sur les doigts et discute avec ses voisines, ses copines. La chambre coûte 13 euros par nuit. Certainement la moins chère que j'ai trouvée dans ma vie.
Le matin, le petit-déjeuner n'est pas proposé à l'hôtel. On se dirige alors vers la place principale. Les hommes commencent à s'affairer pour

livrer la viande, le sable et autres marchandises de la ville.
Il est encore tôt, c'est calme mais sur le point de s'éveiller.
On nous sert des crêpes, du miel, du café, de la confiture. On nous propose la lune, toujours. C'est ainsi au Maroc.
On finira toujours par un jus d'orange pressé dans les petites charrettes de la place. À l'époque c'était 3 dirhams, je me souviens bien de ces oranges superposées qui ne demandaient qu'à être pressées et dégustées.

*

J'ai toujours eu cette sensation étrange d'être une « fausse Arabe ». J'entends par là que mes origines n'ont aucun secret pour moi, je sais d'où je viens et le métissage que je représente entre l'Algérie et le Maroc devrait me donner toutes

les armes pour me sentir véritablement d'origine maghrébine. Mais en fait, non.

J'ai grandi avec des Français d'origines très diverses. Ma grand-mère était musulmane pratiquante, ma tante et mes oncles aussi mais, encore aujourd'hui, je me sens un peu étrangère de tout ça. Comme si je l'avais en moi mais ne pouvais pas prétendre savoir le comprendre. Ce qui est plutôt vrai.

Contrairement à mes amies marocaines, algériennes, tunisiennes... je n'ai jamais connu le pays de ma mère. J'ai découvert celui de mon « père » à l'âge de 18 ans et ai été élevée comme une Française d'origine française. En toute laïcité.

J'en suis d'ailleurs ravie.

Mais, au-delà de ça, c'est la culture maghrébine que j'aimerais connaître davantage.

C'est aussi pour cette raison que j'aime me rendre dans cette région du monde. Car je sens que j'y ai des millions de choses à apprendre sur moi, mes ancêtres et mon être spirituel qui sait d'où il vient. Je ne suis que la représentation moderne

de générations d'immigrés. Et cette terre contient une dose insoupçonnée de découvertes, une richesse incalculable. Encore faut-il vouloir les découvrir.

*

Quand ma mère m'emmène à Marrakech puis dans le désert du Sahara, j'y vais avec le plus grand respect du monde. Comme une peur d'être vue comme une Occidentale de plus, qui viendrait juste acheter des babouches et de la déco pour son appartement en centre-ville, parce que c'est chic.
J'ai envie de comprendre la culture, de rattacher mes découvertes à ces parts de moi qui sont un peu effacées car je ne les ai pas assez nourries. Je suis curieuse de voir, de sentir, de toucher. Et d'où que vous soyez, quand il s'agit de tout cela, à Marrakech, vous êtes chez vous!
Marrakech représente le Maroc moderne qui garde un semblant d'identité pour plaire au touriste international. J'accepte que l'on me le fasse comprendre: tu es une touriste, Safia. Peu importe que ton père soit marocain et que ton prénom soit arabe, tu restes une touriste mais *sois la bienvenue*.

*

J'ai adoré Marrakech mais je suis amoureuse de M'hamid. Le dernier village avant le désert. Là où le bitume s'arrête pour laisser place, petit à petit, aux grandes dunes de sable. Là où les gens vivent (en 2008) sans eau courante, où les chamelles mettent bas en plein milieu de la nuit, en plein village, là où l'on dort sur les toits, là où l'on est invitées dans chaque maison car elle appartient toujours à un «cousin». Là où l'on oublie tout, là où ma seule préoccupation était de trouver une «vraie» douche, incapable de me laver au seau. *Safia, tu es une touriste!*

Nous avions en tête de nous rendre dans le désert. On a vite fait de vous faire croire qu'autour de Marrakech il y a le désert. Cependant, pour voir les vraies dunes, il faut encore prendre la route plusieurs heures et être patients.
À Marrakech, nous avions rencontré cette femme, française, bavarde et un peu extravagante. Elle était de ces touristes qui n'ont pas du tout l'air de vouloir se fondre dans la masse mais qui cultivent un immense respect pour les coutumes locales.

Autour d'une infusion dans le souk de la médina, elle nous parle de Brahim. Cet homme qu'elle a rencontré quelques années plus tôt et à qui elle rend visite tous les ans. Il vit à M'hamid.
Alors on écoute cette dame et ses récits. Je me demande bien comment une femme pareille peut avoir vécu tout ce qu'elle nous raconte. Je comprends encore une fois que l'apparence n'a absolument rien à voir avec qui l'on est vraiment. Idée que je vérifie encore aujourd'hui au quotidien dans mon travail, à me dire que l'on ne sait montrer qu'une partie de nous et que notre aura ne peut pas divulguer tout ce qui nous compose. Le mystère des êtres humains…
Au fur et à mesure de son récit, je vois l'intérêt de ma mère grandir. Et avant même qu'elle lui demande les coordonnées de Brahim, je sais que nous irons là-bas. Je la connais trop bien.
C'est ainsi que, quelques jours plus tard, rendez-vous pris, nous voilà dans le bus de la compagnie Maroc CTM en direction de M'hamid.

Sur la route des grandes dunes à M'hamid

À M'hamid, il y a Brahim et Aïssa. Ils sont amis, ou « cousins », bref, vous avez compris. À l'époque, chacun vit encore chez ses parents. On dort chez Brahim. Après 8 heures de bus, il est venu nous récupérer sur la place du village. Il fait presque nuit, il ne parle pas beaucoup, et nous demande de le suivre à travers les ruelles mi-béton mi-sable. Je me demande s'il a des difficultés avec le français ou s'il est juste réservé. La deuxième hypothèse est la bonne, je le découvrirai plus tard quand il m'écrira très souvent sur Facebook pour prendre des nouvelles.

Brahim vit dans une maison de taille moyenne tout en béton, sans revêtement, avec de grands tapis partout et peu de lumières. En passant la porte d'entrée, on se retrouve au milieu d'un couloir nu, je me dis que ce doit être le couloir de l'immeuble qui permet d'accéder aux logements qui, eux seront terminés. Je comprends vite que non et apprends en l'espace de quelques secondes, que tout le monde ne vit pas comme en France et qu'avoir quatre murs et un toit est bien tout ce dont nous avons réellement besoin. La première nuit est un délice. Nous dormons sur un matelas très épais posé à même le sol et de grosses couvertures sur le toit de la maison – il fait froid comme si nous étions en plein mois de janvier à Grenoble. Je me sens honorée de pouvoir partager le quotidien d'une famille marocaine où il fait si bon vivre.

Au deuxième jour, Brahim et Aïssa nous proposent de partir dans le désert. Le désert des grandes dunes. Celui de *Tintin et le Crabe aux pinces d'or* que j'ai dû lire vingt-cinq fois. Celui des oasis et des peut-être mirages, qui sait ?

Nous sommes enchantées par l'idée de partir tous ensemble pendant vingt-quatre heures, coupés du monde, sans avoir à se soucier ni de la nourriture, ni des appels sur nos téléphones, ni du temps !

On passe alors la journée à préparer le départ. Aïssa trouve le guide qui lui-même trouve les buggys. Ma mère propose d'aller faire quelques courses pour le soir.

Il existe là-bas un camp avec des tentes et de quoi cuisiner. Bien que cela soit très sommaire, on arrivera à préparer un merveilleux tajine pour tout le monde. Plus rien d'autre au monde n'a alors d'importance.

*

Au petit matin, je découvre la fin de la route et le début du désert. Je comprends que ces gens sont des magiciens du sable, capables de se repérer dans des dunes qui ne font que changer au gré du vent. Qu'aucun GPS n'est plus pertinent que la mémoire et le ressenti des habitants du pays.

Après une halte dans une oasis complètement idyllique où les palmiers plongent dans un point d'eau peu profond, nous arrivons sur le camp. Au milieu de dunes plus grandes les unes que les autres, des tentes sont montées et forment un cercle au centre duquel des tapis et autres coussins invitent au repos.

Ce n'est pas réellement un spot de touristes car peu de gens viennent jusqu'à M'hamid. C'est davantage un lieu pour les locaux qui, parfois, sont accompagnés de touristes. Nous sommes chanceuses !

Comme prévu, un tajine est cuisiné pour nous tous. Nous nous régalons, profitons de l'instant en sachant pertinemment qu'il ne se reproduira peut-être jamais.

Nous sommes tous les cinq, Brahim, Aïssa, le guide, ma mère et moi au milieu du désert du Sahara avec comme seul paysage du sable à perte de vue puis les étoiles dans le bleu de la nuit. Cet instant est magique et je me force encore aujourd'hui à me le remémorer souvent, de peur de l'oublier. De peur d'oublier comment nous avions dormi tout en haut de la colline, sur de

simple matelas en mousse. Comment je m'étais réveillée aux cris de panique d'Aïssa qui avait vu un scorpion traîner par là. Combien la nuit était douce voire fraîche et comment nous nous sommes réveillés pleins de sable parce que la tempête du matin commençait.

On ne vit pas ce genre d'aventures tous les jours ni avec tout le monde. Nous ne sommes peut-être même pas tous à l'aise avec ce hasard des choses et cette extrême simplicité du voyage. Mais pour moi, cela construit certainement les meilleurs souvenirs de ma vie. Les expériences les plus insolites à raconter et à se remémorer. Je ne sais pas bien si nos origines, l'histoire de notre famille avant notre naissance jouent à ce point un rôle dans ce que nous faisons et devenons. Mais avec une mère kabyle et un père marocain, j'ai envie de croire que le nomadisme fait partie de moi. Que ce goût pour la découverte me guide un peu chaque jour.

J'ai envie de croire en tout cela.

Le sud du Maroc en 2 semaines.

Marrakech, Ouarzazate, Zagora, M'hamid, Agadir...

J'ai eu la chance de visiter à la fois le sud et le nord du Maroc. J'ai décidé de m'attarder davantage sur le sud, cet ultime voyage aux côtés de ma tendre Maman.
Avant tout, il est important de noter que j'y suis allée en 2008. Les choses ont peut-être beaucoup évolué. Cependant, mon expérience sur place reste douce et charmante dans ma tête.

JOUR 1

Arrivée à Marrakech.

L'aéroport de Marrakech donne le ton. De petite taille, il est moderne et propre. Hyper climatisé et surtout très lumineux. Le mur qui donne sur la ville est composé de dizaines de fenêtres qui donnent une sensation de légèreté.

En sortant de l'aéroport, retrouvez votre chauffeur (en général, les riads proposent des navettes depuis l'aéroport, n'hésitez pas à l'accepter même si, comme moi, vous êtes plutôt du genre « débrouille » : vous gagnerez du temps).
Votre taxi vous saluera avec beaucoup de chaleur, j'en fais le pari. Vous prendrez place à bord d'une vieille Mercedes (mon grand-père avait la même paraît-il, ma mère en a de bons souvenirs).
Il vous guidera alors à travers le dédale des rues pour vous déposer à votre hôtel.

En résidant dans l'enceinte de la vieille ville, vous serez au cœur de l'énergie marrackchie. Le premier soir, rendez-vous sur la place **Jemaa el-Fna** et laissez-vous attraper par les menus des restaurants. Commencez par le tajine, n'hésitez pas !

JOUR 2

Marrakech au petit matin est une ville très différente de celle qu'elle est le reste de la journée.

Levez-vous tôt pour découvrir le ballet des vendeurs à travers les étroites rues de la médina.

Les bouchers qui ouvrent leur boutique. Les vendeurs de tapis qui aèrent leur marchandise, les herboristes qui sortent les hautes jarres en tous genres. Le calme avant la tempête.

Arrêtez-vous prendre un jus d'orange sur la même place Jemaa el-Fna et continuez vers le **souk**.
Écoutez le bruit du marché s'élever. Les « faites comme chez vous » et les « plaisirs des yeux » vous arrivent aux oreilles, de partout.
Les vendeurs de babouches en cuir boivent le thé en discutant avec les vendeurs de chichas.

Dans l'après-midi, rendez-vous au **palais de la Bahia**.

Ce musée est certainement le plus beau que j'ai vu dans cette ville. Laissez-vous emporter par les fresques et la lumière qui circule.
En fin de journée, passez acheter un bout de savon noir au marché ainsi qu'un gant de crin. Demandez au vendeur où est le **hammam** public le plus proche.
Terminez votre journée par un hammam aux côtés des Marocains. Demandez que l'on vous fasse un gommage et profitez de l'instant.

JOUR 3

Journée musée!

Commencez votre journée par **les jardins de la Ménara**.
Pour les plus courageux, vous pouvez vous y rendre à pied depuis la place Jemaa el-Fna. Sinon, prenez un taxi et n'hésitez pas à le partager avec d'autres clients. Il n'est pas rare d'être six ou sept dans une même voiture au Maroc.

Ce jardin d'oliviers est une merveille en plein cœur de la ville. Loin du brouhaha de la ville, prenez le temps de respirer.

Plus tard, quand le cœur vous en dira, prenez un taxi en direction du **jardin Majorelle**.
Ce magnifique jardin qui appartenait à Yves Saint-Laurent a été imaginé et conçu par un peintre français Jacques Majorelle. On y retrouve le fameux « bleu Saint-Laurent » où que l'on marche.

Le merveilleux jardin tropical, sa collection de bananiers et de cactus vous enchanteront ! Vous ne pouvez pas louper cette merveille.

JOUR 4

Dans la matinée, prenez un car pour Zagora.

Première étape vers le sud et les grandes dunes. Il n'est pas rare que le bus fasse des escales de ravitaillement sur la route. N'hésitez pas à descendre, découvrir les magasins des vendeurs de l'Atlas. Vous y trouverez de magnifiques bijoux par exemple.

JOUR 5

Zagora est une petite ville, pour la visite, une journée sera suffisante.

Dans l'après-midi, prévoyez une visite à **Tamegroute**, un village voisin reconnu pour son patrimoine culturel et sa poterie.

Le sud du Maroc en 2 semaines.

Pour ceux qui souhaitent se reposer, certains riads proposent d'accéder à leur piscine en payant une entrée.
Essayez par exemple le riad Salam Zagora – quand nous y étions, il n'y avait vraiment personne ! Vous pouvez dormir à l'hôtel Chez Ali pour les cabanes en terre qui longent son allée centrale.

JOUR 6

Départ pour M'hamid.

Il est fort possible que vous deviez prendre un taxi collectif pour ce court trajet. Tous les bus ne vont pas jusqu'à M'hamid.
En arrivant, rejoignez votre riad et recevez le thé en guise de bienvenue.
Prenez le temps de visiter le village, de découvrir où la route goudronnée s'arrête pour laisser place à l'immensité de sable du Sahara. Voyez les chèvres et autres animaux en liberté. Les enfants qui jouent dans les rues.

JOUR 7

Cette journée sera parfaite pour préparer votre départ dans le Sahara.

Les départs se font généralement dans la matinée mais cela peut dépendre aussi de la saison à laquelle vous partez.
Pour votre excursion, je vous conseille de faire appel à mon ami Brahim Elammari (organisation de séjour au Maroc, par mail à l'adresse erg-essmar@hotmail.com)
Laissez-vous guider et profitez d'une nuit en plein cœur du **Sahara marocain** au milieu des locaux !

JOUR 8

Retour à M'hamid en milieu de journée.

JOUR 9

L'heur du départ pour Agadir a sonné !

Sur la route de la mer, prenez la direction de **Ouarzazate**.
À un peu moins de 5 heures de M'hamid, cette ville est la ville du cinéma marocain, le Hollywood berbère.

Typique de la région, Ouarzazate est une ville construite en terre de couleur ocre. Ses ruelles et sa proximité avec le désert en ont fait un point de chute idéal pour les tournages cinéma (que ce soit *Astérix Mission Cléopâtre*, *Babel* ou *Prince of Persia*, tous ont été tournés en partie là-bas).

Prenez le temps de faire le tour de la ville et de vous imprégner de l'atmosphère de cette oasis en plein désert. Le soir, la lumière y est magnifique.

JOUR 10

Agadir.

Je ne sais pas si vous prendrez goût aux trajets en bus mais sachez que ceux du Maroc sont loin d'être les pires de ce livre. C'est une belle expérience avec de magnifiques paysages à découvrir.

Rejoignez votre riad, puis partez vous dégourdir les jambes le long de la plage. Vous y trouverez de très bons restaurants traditionnels.

JOUR 11

On parle souvent d'Agadir comme l'Europe du Maroc - la ville la plus occidentalisée du pays.

La ville ayant été rasée par un tremblement de terre en 1960, elle a été entièrement reconstruite et n'est donc, d'aspect, plus aussi « traditionnelle » que d'autres cités marocaines. Agadir est aussi connue pour ses plages et son farniente. Profitez de cette journée pour vous reposer et bronzer.

JOUR 12

Un des endroits que vous ne pouvez pas manquer dans la région d'Agadir est Paradise Valley.

Cette balade d'une heure environ vous emmène vers d'incroyables piscines naturelles et d'immenses cascades. Idéal pour passer une journée à la fois de sport et de détente, au frais.

En fin de journée, faites un tour dans le souk de la ville. Chacun de ces marchés est une mine d'or, inspirez-vous du lieu et faites le plein de souvenirs : de merveilleux trésors à rapporter chez vous, mais aussi des images et des sensations.

JOUR 13

Dans la matinée, prenez le dernier bus de votre séjour pour Essaouira.

Je n'ai moi-même jamais été dans cette ville mais plus les mois passent et plus l'envie de la découvrir se fait sentir.

Cette petite ville au nord d'Agadir est connue pour être le mélange parfait entre le brouhaha traditionnel de Marrakech et la modernité d'Agadir.

Dans l'après-midi, prenez le temps de vous perdre dans la médina de la ville classée au patrimoine mondial de l'UNESCO ! Il est dit que l'on s'y perd et, qu'ainsi, on peut y faire de belles rencontres et échanger avec les habitants.

JOUR 14

Si vous le pouvez, prenez un vol retour dans une ville différente de celle de l'aller. Cela vous fera gagner du temps!

L'Algérie

Je n'ai encore jamais eu la chance de me rendre en Algérie. J'en suis pourtant originaire pour moitié. Pendant longtemps, enfant, j'étais persuadée que l'Algérie était un Maroc sans couleur. Qu'il y avait les routes de terre, la gentillesse des gens, les maisons ocre mais que les mosaïques, les épices de mille nuances, les tapis d'Orient… n'appartenaient qu'au pays voisin.
Puis ma mère s'est mise à filmer chacun de ses voyages dans le village de mes Ztsé et Jdé. Et là, j'ai vu.
J'ai vu qu'au-delà de l'immense sourire des voisins, des cousins et autres membres du village, il y avait aussi ces couleurs.
Que les femmes portaient de magnifiques tissus rouges, orange, bleus, verts. Que la nature était resplendissante, que la mer était aussi belle que celle de la Corse et qu'il semblait y faire bon vivre.
Alors je me suis fait la promesse, au fond de moi, d'y aller prochainement. D'y retrouver mes tantes, mes oncles, mes cousins et ma tendre Maman. Que nous pourrions être ainsi, ensemble, dans cette grande maison que mes grands-parents ont construite pour nous.

ASSOCIATION DE DEVELO
KELLY

La vie n'est pas ce que l'on a vécu, mais ce dont on se souvient et comment on s'en souvient.

Gabriel García Márquez

S'ENVOLER

La Colombie

Il y a ces fois où nous nous faisons violence pour sortir de notre zone de confort, de notre cocon. Ces fois où nous osons ce que l'on aurait pensé être un peu fou, peu de temps avant. Ces fois-là sont, pour moi, celles qui m'enseignent le plus, ouvrent mes yeux davantage et me font le plus grandir.

À l'âge de 18 ans, on m'a donné le choix entre rester en France, partir cinq mois à Montréal ou aller à Bogotá.

Vous savez ce que j'ai choisi ? Montréal !

Je me suis battue corps et âme pour pouvoir partir dans cette ville et découvrir ce pays. Je le voulais plus que tout et aujourd'hui je ne comprends toujours pas pourquoi c'était aussi important pour moi.

Après des semaines d'attente et une sacrée dose de chance, j'ai été choisie pour partir. Mais pas pour Montréal. Mon niveau d'anglais n'était pas assez bon, d'autres iraient à ma place.

Mais pour faire simple : que ce soit Montréal ou Bogotá, je voulais partir ! Je voulais vivre l'expérience d'un semestre à l'étranger. Je voulais vivre. Juste vivre.

M'entendant dire que je n'étais pas prise pour Montréal, je commence le processus pour Bogotá. J'ai évidemment été prise du premier coup (José et Gris ne devaient pas être loin pendant toutes ces années. J'ai d'ailleurs eu 20/20 au bac d'espagnol). Bref... Il se passe quelque chose. Surprise : un désistement me permet d'être acceptée dans les deux villes. Mais plus les choses avancent et plus l'idée de partir en Colombie me plaît. Puis vient l'heure du choix. Puis vient l'heure d'annoncer à ma professeure d'anglais que, finalement, après l'avoir accaparée pendant des semaines pour partir à Montréal, je préfère partir à Bogotá. Je crois qu'elle n'a jamais trop compris mais ce ne sont que ma curiosité et ma personnalité qui m'ont guidée.

Cette décision, que j'ai prise dans l'amphithéâtre numéro 2 de l'IUT 2 de Grenoble est certainement l'une des plus importante de ma vie. J'ai lu la déception de Mme Anglais sur son visage. J'ai compris qu'elle se disait aussi « tout ça pour ça » mais je savais au fond de moi que c'était ce qui était fait pour moi.

Finalement, c'était assez simple : je voulais m'évader, parler une autre langue et être dépaysée. À ce jeu, la Colombie avait su battre largement le Québec.

Nous devons alors être en octobre ou novembre 2008. Je travaille à H&M afin de payer mes études. Nous ne sommes toujours pas très riches. Je ne peux et ne veux compter que sur moi pour mon quotidien mais aussi mes folies colombiennes. Je me revois rêver à mon départ tout en rangeant les vêtements du magasin. J'en deviens dingue. Je ne fais que penser à ça.

À partir de ce jour, il faut que j'arrive à économiser 1 200 euros avant février puis 1 200 autres euros avant le départ. La course était lancée, à toi de jouer SafichoOw !

Cela fait plus de dix ans que mes amis m'appellent ainsi. C'est Bénédicte qui a décidé que cela m'allait bien. Béné, c'est l'artiste du groupe, celle qui est maintenant prof de musique et qui rigole tout le temps. Puis mon meilleur ami Loïc a commencé à raccourcir le tout en « Choux ». Ces noms résonnent en moi comme des marques d'affection. Ils sont doux et chaleureux.

Plus les jours passent et plus je suis excitée de partir. Je ne mesure pas du tout ce qui m'attend là-bas. Je ne sais pas que ce voyage changera ma vie et qui je suis. Je ne sais pas que ce pays me fera voir les choses complètement différemment. Mais je suis juste déterminée à partir.

*

Il y a Gaël, celui qui est parti dans le même échange un semestre plus tôt. Il me parle de cette bicyclette qu'il a achetée pour visiter Santa Marta en solo. Il me dit qu'il a été envoûté par ce pays dont on n'entend finalement que trop peu de bien.

Il me dit que les gens sont admirables et adorables. Que la vie est douce et que j'ai bien raison d'y aller.

Et il y a aussi Alexia qui est rentrée au bout d'un mois seulement. Elle me parle de ce sentiment gênant quand on est une femme à Bogotá. De ces hommes qui la dévisageaient et l'alpaguaient dans la rue. De son incapacité à s'adapter à tout ça et de son regret de ne pas avoir pu vivre plus l'expérience colombienne.

Alors j'ai les deux versions, celui qui me met déjà dans l'avion et celle qui me propose de quitter mes jupettes et de mettre des jeans. Je suis bien équipée.
Et puis j'apprends qui seront les filles qui partiront avec moi. Qui seront celles que je devrais apprendre à connaître mais surtout qui sont celles qui deviendront mes amies à vie, mes sœurs de cœur, mes « mamies » pour toujours.

Il y a une certaine Caroline. On ne s'aime pas. On ne se connaît pas, surtout. On a partagé un projet de groupe ensemble et ça n'est passé entre nous.

Entre ces petits foulards bien noués et mes airs de bohémiennes, le courant ne passe pas. Ça va être dur. Mais je me dis que je pourrai très vite me défaire de cette fille bien trop coincée à mon goût et que si on ne s'aime pas, on ne sera sûrement pas obligées de copiner. Je ne savais pas que sept ans plus tard elle serait toujours mon amour de « mamie ».

Et puis il y a Marion. La brune que je vois dans les couloirs de l'école mais à qui je n'ai jamais parlé. Ce genre de fille qui a l'air d'aimer tout le monde et d'être aimée par tout le monde. Simple, gentille et prévenante. Marion, c'est la copine qui prend soin de toi, celle qui fait un peu la Maman parfois et de qui tu as, à ton tour envie de prendre soin.

Le 21 juillet 2009, je prends l'avion de Paris à Bogotá en passant par Miami.

Je n'ai aucune idée d'où je vais. De qui vient me chercher. De l'adresse de la maison de Yoli (notre famille d'accueil à l'arrivée).

Marion et Caro sont déjà sur place depuis une semaine. Je dois, quant à moi, terminer mon préavis chez H&M pour pouvoir partir en toute tranquillité.

Je pars à Bogotá comme si j'allais à Londres ou à Berlin. Les mains dans les poches ! Je quitte mon travail, monte trois jours à Paris et quitte la France comme si de rien n'était mais avec une valise qui pèse déjà bien trop lourd.

Dans l'avion, je rencontre cette fille qui va rendre visite à sa sœur qui vit à Miami. Je me dis que c'est quand même incroyable de partir en vacances à Miami. Qu'elle a une chance inouïe et je lui souhaite de tout cœur d'en profiter un maximum.

Je n'ai pas eu le réflexe de la chercher sur Facebook pour garder contact. Cette fille qui aura accompagné mon départ vers ma nouvelle vie, ma nouvelle Safia.

En arrivant aux États-Unis, je comprends vite qu'il est temps de se mettre à l'espagnol. Je m'en vais commander un sandwich et une boisson. Je suis stressée par le monde et par les langues qui s'entrechoquent dans ma tête. Je prépare ma phrase en faisant la queue. Je dois lui dire bien et clairement car elle est pressée. Je sors mon plus bel espagnol et repars gagnante du snack de l'aéroport.
Il fait une chaleur incroyable ici. Je me dis qu'il faudrait que je revienne. Que, comme Gaël, je pourrais peut-être me faire une semaine à Miami pendant mes cinq mois à Bogotá. Cinq mois, c'est long ! J'aurais sûrement le temps de visiter le monde, non ? La naïve Safia fait son apparition !

Je prends alors mon deuxième vol. Dans quatre heures, je serai à Bogotá. Il serait temps que je commence à me réveiller et à prendre conscience de la situation.
Toujours pas.

Je lis un livre de Guillaume Musso, ou peut-être Marc Levy, je ne me souviens plus. Je le dévore et ne vois pas le temps passer jusqu'à ce que la jeune fille à côté de moi se mette à me parler en français. Surprise !

Elle me raconte qu'elle est colombienne, de Bogotá, et qu'elle étudie au lycée français. Que son père-ci, que sa mère-ça et qu'elle voyage aussi avec sa tante. Tout le monde parle français dans la famille. Je ne me rends pas (encore) compte de l'incroyable situation dans laquelle je suis.

Je suis paumée dans un avion au-dessus du Panamá et une famille en or me tend les bras au cas où j'aurais besoin de quelque chose en Colombie.

On discute pendant le reste du trajet. Elle me parle de l'architecture, de la culture, du climat. Je me rends alors compte, petit à petit, que je ne suis au courant de rien. Que j'ai quitté ma bonne vieille France sans savoir qui venait me chercher à l'aéroport et comment j'allais vivre là-bas.

Quand je passe la douane, la tante de cette jeune fille me donne son numéro de téléphone. Appelle-moi si tu as besoin d'un logement, d'aide, *de lo que sea*. Je l'appellerai !

Mon premier tampon de douane latino vient d'être posé sur mon passeport !

Je sors. Il est aux alentours
de 18 heures. J'ai dans l'espoir
que Marion et la professeure
en charge de l'échange m'attendent
tout sourire avec une pancarte
« Safia ». Mais il n'en est rien.
Je m'inquiète.

Je regarde mieux.

Rien.

Je commence à me demander ce que
je vais faire.

Je ne sais pas.

Je sors du terminal.
Il fait nuit noire.

Des hommes me parlent
à toute vitesse.

Taxi? Taxi?

Non.

Merci.

Taxi?

Non... Je suis fatiguée,
je vais pleurer.

Taxi? *A dónde vas*?

Je suis perdue!

Je me dis que je suis à l'autre bout du monde, sans comprendre un mot de ce qu'il se dit.

Que je suis en Colombie et que ma mère est loin. Que je ne sais pas quoi faire. Je commence à maudire Marion.
J'allume mon téléphone français.

Je reçois alors un message de Marion. Elle m'indique que Jorge, le mari de Yoli, viendra me chercher avec sa sœur. Je ne comprends rien.

J'ai pris cette photo lors de mon voyage au Brésil.
Le Nordeste est une merveille !

Elle m'avait donné un numéro de téléphone.

Un des chauffeurs de taxi m'aide et appelle Jorge. On le retrouve alors. Je ne me suis certainement jamais sentie aussi perdue, seule puis soulagée qu'à ce moment-là.

Le sourire de Jorge, les bras qui se lèvent, les quelques *pesos* à celui qui m'avait aidée. Je me sens dans une famille. Tout de suite. Je suis à l'autre bout du monde, seule mais entourée. Je n'ai absolument aucune idée de ce qui va m'arriver. Je ne sais pas que ce voyage sera ma plus belle leçon. Mon apprentissage. Qu'il me fera grandir en si peu de temps. Qu'il m'aidera à faire des choix et m'apprendra à ne regretter que ce qui est vraiment regrettable. Qu'il m'enseignera à être quelqu'un de meilleur et à partager ces bonnes ondes autour de moi.

Je suis restée cinq mois. Cinq mois passés à la vitesse de l'éclair. Je me sens chez moi et ne me vois pas autre part. Il y a Marion, Caro et tous nos amis. Il y a aussi toujours Jorge, Yoli, Maria Camila, Erika et Andres Felipe. Ils sont ma famille. Ils sont mon équilibre dans ce pays que j'apprends à connaître et à aimer.

Parce que vivre là-bas, c'est aussi apprendre à se construire une famille.

> Quand je dis aux gens que j'ai vécu en Colombie, je ressens une fierté incroyable. C'est un peu comme quand je dis que je vis maintenant à Barcelone. J'aime me dire que je fais des choses différentes pour me nourrir et me construire.

On ne voit pas toujours le potentiel de nos vies et on risque souvent de passer à côté de ce qui nous rend bons. En rentrant de Colombie, je me suis sentie changée. La Safia de décembre 2009 n'avait plus rien à voir avec celle débarquée, perdue, cinq mois auparavant.

*

La Colombie est un pays de contrastes, qui vous embarque dans un questionnement et un chamboulement de votre propre personne.

Je me rappelle avoir refusé bon nombre de demandes de *baile* (danses) sous prétexte que je ne cherchais pas de chéri et que, pour moi, la danse était une forme de drague.
J'ai vite compris qu'ici cela n'était pas le cas. Alors je me lève et j'apprends. On m'explique la salsa, la bachata, le merengue et la cumbia. On me dit de suivre le rythme, de le sentir en moi. On me fait des tests de style : et cette chanson, c'est quoi ? De la salsa ? *Noooo Safia es bachata* ! J'étais nulle au début, j'avoue.

J'ai appris la tolérance. Chacun est différent, chacun est ce qu'il est. Je le savais, j'ai été éduquée dans ces valeurs mais n'ai jamais vraiment pu les mettre en pratique dans une société de compétition et de comparaison. Ici on ne se compare pas, on s'intéresse. On partage nos points de vue et on avance ensemble. On grandit, on mûrit.

Je me souviens de cette fille que l'on avait rencontrée lors du voyage en Amazonie. Elle faisait 45 minutes de trajet tous les matins pour se rendre à l'université et étudier… les arts plastiques. 45 minutes pour des arts plastiques à l'université… C'est là que j'ai compris que l'on pouvait être et faire ce que l'on voulait. C'est aussi là que j'ai décidé de ne plus prêter attention aux diktats des études et à me diriger vers ce qui, réellement, me faisait vibrer.
Les jeunes que je côtoyais étaient tous passionnés. Ils avaient choisi de devenir architectes et étaient curieux de la façon dont les maisons amazoniennes étaient construites. Ils pouvaient aussi être ingénieurs mécaniques, biologistes ou même médecins. Ils avaient tous cette volonté, cette envie, cette motivation.

La Colombie fait partie des pays les plus heureux du monde. Certains la détrônent peut-être occasionnellement, mais là-bas on aime à dire que c'est le numéro un.

Leur devise est simple : *Colombia, el unico riesgo es que te quieras quedar* (Colombie, le seul risque est que tu veuilles y rester). J'ai d'abord trouvé ça trop fabriqué et prétentieux puis j'ai compris. On se sourit, on rit, on danse, on chante, on travaille dur et on profite de chaque instant. Alors oui, la Colombie, c'est une de mes leçons de vie.

Petit à petit, cela devient une évidence : les voyages nous changent. Les voyagent nous font grandir. Je ne crois pas non plus que tous les voyages aient ce pouvoir ni même que tout le monde soit réceptif à ce genre de mutation. C'est un peu une question d'opportunités, de sensibilité et de vibrations.

À chacun de mes voyages, j'écoute les gens. Je les regarde et m'imprègne de ce qu'ils sont. J'ai cette petite voix en moi qui me rappelle souvent de ne pas m'habituer. Que ce que je vis à chaque voyage est un

Colombie : le seul risque est que tu veuilles y rester !

enrichissement de plus. Que si je commence à créer des habitudes à Trinidad parce que nous y sommes depuis trois jours, cela ne doit pas durer. Que je dois ouvrir les yeux.

J'ai vraiment peur d'en venir à trouver ça normal, alors je compte sur mes petits anges gardiens pour continuer à me guider de la sorte.

On vit des tas de choses, dans des tas d'endroits. On traverse le monde et on grandit chaque fois un peu plus. On rencontre ces personnes, on leur sourit, on prend le temps d'échanger, de mûrir et de profiter de l'instant. On en finirait même par oublier que ce n'est pas le quotidien et on se trouve bien dans ce tumulte de choses qui nous collent à la peau.

Et puis un jour, on comprend aussi qu'une partie importante du voyage se passe dans nos têtes une fois que l'on est rentré chez soi. Dans les souvenirs et l'expérience.

C'est finalement juste ça, donc. Grandir!

La Colombie en trois semaines

Quand on me demande conseil sur la Colombie, je dis toujours «vous n'aurez pas le temps de tout voir mais trois semaines, c'est déjà super».

Je vous donne le carnet de route que j'ai conseillé à une amie encore récemment.

JOUR 1

Arrivée à Bogotá.

Bogotá est la capitale colombienne. Elle est située à 2 600 mètres d'altitude, ne croyez pas arriver dans la chaleur ou le grand soleil. C'est une mégalopole en montagne, incroyable ! On dit que Bogotá est la ville des quatre saisons dans une même journée. Vous comprendrez très vite.

Je vous conseille de prendre un logement vers **Chapinero** – c'est d'ailleurs là que je vivais, j'aime ce quartier !

JOUR 2 et 3

Visite de Bogotá

Ne rêvez pas, il n'y a pas grand-chose à faire à Bogotá. Prenez le temps de monter à **Montserrat**. Cette église qui surplombe la ville vous donnera un panorama inégalable.

Attention, des rumeurs colombiennes disent que les couples qui entrent dans l'église sans être mariés ne se marieront jamais ! Je ne suis d'ailleurs pas entrée avec Guilhem mais y étais entrée avec un ancien chéri… Je vous laisse juge.

À l'heure du déjeuner, chercher le *almuerzo corriente* (déjeuner local). On vous servira certainement du poulet avec du riz, de la salade et des bananes plantain. Un régal !

Prenez quelques heures pour aller dans la **Candelaria** – le vieux Bogotá.

Perdez-vous dans les rues, écouter la musique, découvrez les couleurs du quartier.

Vous ne pouvez pas passer à Bogotá sans aller à la **Zone T**. Le QG de la jeunesse colombienne.

Ce quartier en forme de T est rempli de bars, restaurants et discothèques. Les Colombiens savent faire la fête comme personne d'autre !

COLOMBIE - CARNET DE ROUTE

Où manger

Restaurant Gaira. Cra. 13 #96-11, Bogotá. Ce restaurant ouvert par l'un des plus grands auteurs-compositeurs colombiens – Carlos Vives – est le nouveau lieu tendance pour déguster des plats typiques revisités mais aussi pour profiter de la musique colombienne.

Où danser

Casa de la Cerveza dans la Zone T.

JOUR 4

Départ pour Medellin

Pour les plus courageux, prenez le bus Bolivariano (compagnie locale) et armez-vous de patience. Dans huit heures, si tout roule correctement, vous serez à Medellin. Sinon, l'avion est très pratique aussi, je vous l'accorde !

Je me suis toujours dit que si j'avais dû vivre plus longtemps en Colombie, j'aurais voulu vivre à Medellin.

JOUR 5 et 6

Visite de Medellin

Medellin est certainement la ville la plus « occidentalisée » de Colombie. (Les guillemets sont très importants car ce n'est tout de même pas Rio ou Agadir.)

Cette ville est aussi connue pour être la ville du printemps éternel. Car, en effet, tout comme Bogotá connaît les quatre saisons en une journée, Medellin est toujours au printemps avec environ 24 à 26 degrés. Un pur bonheur !

Medellin est connu pour être la ville de Pablo Escobar et donc, de la cocaïne. Mais n'allez pas en parler aux locaux, ils détestent cette image que l'on donne de leur pays et n'ont qu'une envie : vous montrer que Medellin, et la Colombie en général, c'est bien plus que ça !

Le chanteur Juanes est de Medellin. Il a d'ailleurs aussi beaucoup participé à la construction de parcs pour enfants dans différents quartiers.

Circuler à Medellin est très aisé, il s'agit de la seule ville colombienne disposant du métro ; propre, rapide et efficace.

À ne pas louper à Medellin:

Musée Botero: vous savez, ce peintre et sculpteur dont tous les personnages sont très ronds?

Musée des sciences: de quoi passer une après-midi entière à faire de nombreuses expériences scientifiques, à comprendre les mécanismes les plus élémentaires, à apprendre.

Zona Rosa: la zone tendance de Medellin. Tout comme dans la Zona T de Bogotá, on y retrouve de très nombreux restaurants et discothèques. La différence? Ici tout est à l'air libre, les tables donnent sur la rue et les musiques des uns se mélangent à celles des autres. C'est aussi le quartier des créateurs en tous genres. Vous serez surpris de découvrir le nombre de boutiques de designer textiles! Une mine d'or!

Où manger:

Restaurant Tony Romas – Hôtel Dan Carlton (5 étoiles) – restaurant giratoire haut de gamme mais qui vaut le détour!

JOUR 7

Départ pour Manizales

Encore une fois, libre à vous de prendre le bus ou l'avion. Mais en avion, vous risquez de devoir repasser par Bogotá… Je dis ça, je ne dis rien!

Manizales est certainement la ville que j'ai visitée où les gens sont les plus accueillants. Les Colombiens sont tous profondément accueillants, où que vous soyez, mais Manizales a ce truc en plus, difficile à décrire.

Ici se trouve le départ de la région du café. La Colombie est un très grand producteur de café et la majorité de la production part à l'export. Vous pouvez encore trouver du bon café chez **Juan Valdez** (le Starbucks local) mais il n'est pas rare que l'on vous serve du jus de chaussettes dans les maisons ou les bars. Jus de chaussettes très sucré, moi, j'adore… mais c'est que je n'aime pas le café!

JOUR 8

Départ pour Pereira

Pereira est une autre ville de la zone du café. Un point de chute idéal pour visiter la région.

JOUR 9

Nevado del Ruiz et sources chaudes de Santa Rosa del Cabal

Des excursions sont organisées depuis Pereira pour se rendre au **Nevado del Ruiz** et aux sources chaudes.

Le Nevado (montagne enneigée toute l'année) culmine à plus de 5000 mètres d'altitude.

En général, les navettes vous déposent entre 4000 et 4500 mètres et le reste se fait à pied. Je me souviens encore de la difficulté à la montée. Peu d'énergie, peu d'air, mais cette envie incroyable d'arriver au sommet et de découvrir la vue.

La descente, quant à elle, est beaucoup plus rapide.
Après cette excursion, le corps a besoin de se remettre. Une virée dans **les eaux chaudes de Santa Rosa del Cabal**. L'odeur du soufre vous

COLOMBIE - CARNET DE ROUTE

surprendra certainement. Mais il est reconnu qu'un bain dans ces eaux thermales détend les muscles et fortifie l'esprit.

JOUR 10

Vallée de Cocora

Vous ne pouvez pas passer par la zone du café sans visiter la **vallée de Cocora**.

Il est courant de visiter cette magnifique vallée à cheval. Cependant, si c'était à refaire, je préférerais la visite à pied. Pour prendre le temps de lever la tête et d'admirer ces merveilleux palmiers qui surplombent tout. Avancer au gré de nos pas, finir dans une petite cascade et se rafraîchir avant de faire demi-tour. Cette visite est magique !

JOUR 11

Le parc du café

Le parc du café est une sorte de Disneyland version café. Ici, vous apprendrez comment est cultivé et produit le café de la région. Une vraie découverte !

JOUR 12

Départ pour Cartagena

Ici, oui, prenez l'avion ! Sinon c'est interminable…

JOUR 13

Cartagena

Cartagena est une ancienne ville fortifiée. La vieille ville, dans les remparts est certainement le plus important à visiter.

Il est d'ailleurs impressionnant d'admirer la « nouvelle ville » depuis les remparts du centre historique. Un air de Panama City ou de Miami sur les rives des Caraïbes.
Prenez votre logement dans ce quartier, la nouvelle ville n'est pas jolie de l'intérieur !

Les plages de Cartagena ne sont pas non plus très agréables. Le soir, profitez de la douceur de la nuit pour vous promener au rythme de la musique locale.

Et si l'envie vous prend, montez à bord d'une *chiva* (bus locaux ouverts où l'on se promène au rythme de la salsa colombienne) pour faire le tour de la ville et commencez à faire la fête *como se debe* (comme il se doit).

JOUR 14 Islas del Rosario

Pour profiter d'une belle plage, préparez votre excursion aux **îles du Rosaire**. Vous arriverez à **Playa Blanca** qui n'est autre qu'une plage de sable absolument blanc, parfaitement doux et chaud.

Vous pourrez vous restaurer sur place (à condition d'avoir de la monnaie !). Une expérience proche de celle de Robinson Crusoé vous attend… en légèrement plus civilisée, bien sûr.

Rien ne vous empêche, d'ailleurs, de dormir dans une des paillotes à louer sur la plage. Ne rêvez pas à une douche normale, cela se fera au seau, mais l'expérience vaut la peine de ne pas être au top de sa propreté.

Où boire un verre:
La Tumbamertos dans l'angle de la Plaza San Diego (une vue et des mojitos inoubliables).

JOUR 15 Départ pour Santa Marta

Plusieurs compagnies proposent le trajet entre Cartagena et **Santa Marta**. Comptez minimum quatre heures de trajet.
Le soir, profitez de la baisse des températures pour visiter le centre-ville, le **Parque El Lago ó de los novios** et manger au **Lulo Cafe Bar.** Vous y dégusterez de délicieuses arepas (galette maïs) garnies et des jus frais.

JOUR 16 Taguanga et Playa Blanca

Le soleil se lève très tôt en Colombie. Ça tombe bien : il y a plein de choses à voir et à faire. Prenez le bus local qui vous emmène à **Gaira**.

Dirigez-vous vers la plage et cherchez les cabanes en bois qui vendent les tickets de bateau. Il est préférable de les acheter dans les points officiels et non aux vendeurs à la sauvette.
Une barque vous emmènera alors à **Playa Blanca**.
Je ne vous conseille pas de rester sur place mais plutôt de grimper sur les hauteurs en bravant le soleil de plomb. De là-haut, vous aurez une vue sur les deux rives. Avec un peu de chance, vous arriverez pendant le ballet des pêcheurs au filet, de l'autre côté de la montagne. Je vous laisse profiter de l'instant.

Avant le déjeuner, reprenez le bus en sens inverse et dirigez-vous vers **Taguanga** (de l'autre côté de Santa Marta).

Ce village de pêcheurs est absolument adorable ! Vous y trouverez de quoi vous restaurer (du poisson frais pour les amateurs, des fruits et légumes pour les autres).
Prenez le temps de vous imprégner de la douceur du lieu.

JOUR 17 — Visite du parc Tayrona

Cette journée sera certainement gravée pendant longtemps dans vos mémoires. Du moins, je l'espère.
Le **parc Tayora** est une réserve naturelle protégée où la nature est libre de vivre comme bon lui semble et où les visiteurs viennent dans le plus grand respect afin d'admirer les plages de sable fin, les animaux sauvages et la végétation luxuriante.

De nombreux sites d'hébergement proposent d'organiser le transport en petit groupe. Cela vous facilite les démarches.
L'entrée du parc Tayrona se trouve à une quarantaine de minutes de Santa Marta. En arrivant, on vous invite à une séance d'accueil afin de sensibiliser l'ensemble des visiteurs à l'aspect fragile du lieu.
Une fois cette étape franchie, vous pourrez circuler librement dans le parc.
Venez tôt et ne repartez qu'en fin de journée, vous ne pourrez pas oublier ce que vous découvrirez !

Cinq raisons d'aller au parc Tayrona :
1. La beauté des lieux ;
2. La fragilité et la puissance de la nature ;
3. Les plages paradisiaques ;
4. La faune ;
5. Le sport de la balade.

Nombreux sont ceux qui campent dans le parc, sur des terrains prévus à cet effet. Prévoyez vos courses et n'oubliez rien car vous ne pourrez rien acheter sur place une fois les petites paillotes fermées.

Où dormir:
Hôtel Casa del Patio à deux pas du **Parque El Lago ó de los Novios**.
Où manger :
Hemingway – les meilleurs jus frais de la ville.

DO

Demandez votre route aux passants : les Colombiens sont certainement les personnes les plus faciles à aborder du monde !

Mangez tout ce que l'on vous propose ! Vous ne comprendrez pas toujours tout. Vous ne retiendrez pas forcément tout non plus mais quand on parlera de *caldo,* de *patacones,* de *tamal,* de *polita,* de *buñuelos,* de *pan de bono,* de *maracuya,* de *yuca,* de *lulo*... vous direz OUI parce que la cuisine colombienne est riche et délicieuse !

Prenez le Transmilenio à Bogotá et les *busetas* dans les autres villes. Les transports en communs colombiens sont une expérience que vous ne pouvez pas louper. Et comprenez deux choses : 1. Vous allez vous perdre dans le Transmilenio mais ce n'est pas grave. 2. Les *busetas* n'ont pas d'arrêts, c'est vous qui décidez où et quand vous descendez.

Proposez votre aide dans le bus. Si vous êtes assis et qu'une personne monte avec un sac ou des courses à la main, proposez-lui de les mettre sur vos genoux !

Acceptez l'aide !

DOn't

Jeter le papier toilette dans la cuvette ! Je pense que cela est valable pour tous les pays d'Amérique centrale et du Sud. Que cela arrive une fois n'est pas grave mais attention les canalisations sont beaucoup plus sensibles et étroites que les nôtres. Vous risqueriez de boucher le circuit !

Faire des blagues sur Pablo Escobar et les FARCs. Les Colombiens n'ont pas honte de leur histoire. Simplement ils aiment que l'on soit curieux de ce que le pays est réellement.

Visiter le sud de Bogotá ou la Candelaria (de nuit). Ces zones sont apparemment encore sensibles. Rien ne sert de s'y risquer.

Ne pas oser aller danser. Salsa, bachata, merengue, vallenato, cumbia, choque... vous allez vite apprendre à les distinguer, et même à les danser. Vous ne pourrez plus vous arrêter.

Nous sommes des amoureux de la photographie.
Surtout Guilhem, à vrai dire.
Alors quand on trouve cette cour intérieure,
vide et majestueuse en plein Rome, on se dit
que le destin nous fait un beau cadeau.

« Si tu fais de toi un ami, tu ne te retrouveras jamais seul »
Maxwell Maltz

POUR ÊTRE SOI

D'Avignon à Tulum

On nous a longtemps fait croire qu'être seul n'était pas dans la logique des choses. Qu'il fallait s'entourer, toujours. Je crois l'inverse. Je crois qu'il faut oser faire les choses par soi-même. Oser suivre les chemins que notre cœur nous montre. Oser écouter cette flamme qui brûle en nous et nous guide chaque jour un peu plus. Oser être soi et s'exprimer ainsi. Oser le faire seul pour grandir encore mieux.

AVIGNON

Fin 2013, j'ai renouvelé l'expérience du voyage en solitaire, à un niveau beaucoup moins phénoménal mais tout aussi vivant.

C'est arrivé dans une période de doute et de remise en question. Quand tout s'emballe et que l'on ne contrôle rien. Quand on est triste et que chaque occasion est bonne pour verser quelques larmes, que ni l'esprit ni le corps ne suivent... Il était temps de changer d'air !

Il doit être plus de 20 heures J'ai certainement encore refusé de rejoindre ma mère pour regarder *Plus belle la vie* parce que je sais que le montage de ma vidéo Youtube me prendra encore plusieurs heures. (Je suis à l'époque en Master 2 en alternance. J'ai deux métiers dans une journée !)
Je regarde un peu au hasard sur Internet ce que mon environnement peut m'offrir comme escapade. Je ne souhaite pas aller loin. Ni aller à la mer. Je souhaite juste faire un peu de train et me retrouver dans une ville que je ne connais pas. Faire des découvertes par moi-même et me retrouver avec qui je suis. J'ai juste envie de ça. Envie de ne penser qu'à moi et d'être entourée de personnes qui ne me connaissent pas. Une reconnexion à moi, un passage légitime et salutaire dans cette période bien trop remplie pour mon esprit envahi de questionnements, de *deadlines*, de projets...
Je le ferai dans deux semaines. Le temps d'un week-end. Je sortirai de cours, à Lyon, et irai prendre le TGV qui me guidera vers Avignon. Ou alors je le prendrai le lendemain matin. On verra. À part la chanson du pont, je ne connais pas grand-chose de cette ville. Je ne sais pas à quel point elle me plaira et ignore que je passerai trois jours encore plus ressourçants que deux semaines à l'autre bout du monde.
Un TGV, un Airbnb réservé. J'y serai bientôt.
Le samedi 7 décembre 2013, j'entame une aventure que je recommanderais à tous. Partir seule, dans un voyage simple, économique et vivant qui me donnera envie de recommencer.
Gare de Lyon-Part-Dieu, aux alentours de 10 heures. Le TGV est là, je suis en voiture 08. J'avance doucement et trouve ma porte. Je cherche alors la place 48 qui se trouve au milieu du wagon.
En entamant ce voyage, je me sens emplie d'une émotion peu commune. Comme si je m'étais offert la chance de me libérer d'un poids. De vivre autre chose et de me déconnecter de ma vie pour mieux me reconnecter à qui je suis.
J'arrive en place 48. Il y a ce jeune Asiatique. Il cherche sa place. 47. Il sera à côté de moi. Je lui indique, il s'assied. Je m'assieds.

Comme un automate pris dans sa frénésie de travail, je sors mon ordinateur. J'ai sûrement un moment pour avancer. Est-ce vraiment une bonne idée ? Je n'en suis pas bien certaine.

Mais le jeune homme ne me laisse pas le temps de trop me questionner. Il me sort alors rapidement de mon addiction et me demande où je vais. Je lui réponds que je vais visiter Avignon. Lui demande d'où il vient. Persuadée qu'il va me répondre Chine ou Vietnam mais son anglais m'a l'air parfait. Il vient du Canada. De quoi effectivement avoir un anglais irréprochable.
Je suis étonnée. Étonnée de voir un Canadien de mon âge, avec une si petite valise, pour un si grand voyage.

Taylor m'a envoyé cette photo il y a quelques semaines. Écrire ce livre m'a donné l'occasion de reprendre contact avec lui.

Je lui pose alors des dizaines de questions. Depuis quand est-il là ? Pourquoi ? Que fait-il dans la vie ? Quelle est sa prochaine destination ? Il me raconte qu'il était chez des amis à Lyon, qu'ils sont allés dîner dans un bouchon. Que la cuisine d'ici est drôlement bonne.

Il me parle de Toronto. Me dit que je devrais y aller. Me dit qu'il m'invite. Il me parle du climat, de la douceur de la vie. De l'air océanique qui tempère les grands froids canadiens. Il me donne confiance.

Il s'appelle Taylor et sera mon ami lors de ce séjour avignonnais.

12h15, nous arrivons à Avignon. Taylor a son Airbnb à l'entrée des remparts. Je l'accompagne, par politesse. Le mien est plus loin, j'irai ensuite. Je ne pense pas revoir Taylor. Je me dis que chacun a sa vie et que ce voyage aura été le seul moment que nous aurons partagé. J'ai tort.
Un peu avant 13 heures, j'arrive chez Pouchkine. Cette femme d'une soixantaine d'années vit aussi dans la ville fortifiée. Tout est très près de tout, adorable, et le soleil est au rendez-vous.
L'appartement de Pouchkine est typique de la région. Dans un immeuble ancien, on entre directement par la cuisine.
On a alors le choix d'aller à droite vers l'évier et de passer la porte de ma chambre ou alors d'aller à gauche et de prendre le couloir qui mène à sa chambre et à son magnifique salon. Les murs de cette pièce sont décorés d'immenses étagères remplies de livres. Une banquette fleurie invite au repos. Le tout donne sur la petite rue calme et les grandes fenêtres laissent le soleil inonder le lieu. Je ne vous parle pas du parquet qui craque : c'était exactement ce dont je rêvais pour mon chez-moi.

Pouchkine me reçoit chez elle comme elle aurait reçu sa petite-fille.

Elle me montre ma chambre, la salle de bains attenante et me présente la cuisine. Elle m'invite à me servir de tout ce dont j'aurais envie. Me parle du thé, des biscuits et du pain. C'est ma première expérience Airbnb. Je suis à la maison.
Pouchkine s'occupe d'une jeune enfant de 8 ans à qui elle donne des cours. Elle était institutrice. C'est une femme qui ne s'arrêtera que quand son corps le lui demandera. Elle est pleine de vie et fait partie de plusieurs associations. Autant vous dire que je ne la verrai pas beaucoup. Pouchkine est une femme très occupée.
Elle doit partir. Elle me salue, prend son sac sur la table et me souhaite une belle installation. Je suis heureuse de partager ces quelques jours à ses côtés.

Je me dirige vers ma chambre et prends conscience de ce que je vis. Ce n'est finalement pas grand-chose, simplement un petit voyage en TGV, une location de chambre chez l'habitant et deux jours de rien devant moi. Mais à cet instant, c'est énorme.

*

C'est comme si les étoiles s'étaient alignées pour m'offrir une pause bien méritée. Pour me permettre un moment de lévitation dans cette si jolie ville, entourée de si jolies personnes. Bientôt je reverrai mon ami Taylor.

*

Je crois que ces pauses avec nous-mêmes sont fondamentales. Nous avons tous, en nous, cette part de solitude qui demande à être entretenue régulièrement. Nous sommes certainement faits pour vivre en communauté mais la communauté ne tient que si chaque individu se sent bien de manière personnelle.

Partir seul, aller seul au restaurant ou au cinéma sont autant de choses que beaucoup n'osent pas faire. Ils ont peur de s'ennuyer ou d'être jugé par les autres, les « groupés ».

Il est toujours étonnant de voir une personne seule se rendre dans un lieu de rencontre. Il est toujours étonnant de voir une personne seule faire des choses de personnes en groupe.

Moi, j'adore ça. Mon petit moi intérieur me le réclame.

Un week-end sans mon chéri ? Aucun souci, je vais pouvoir faire les choses différemment, profiter d'être chez moi et de ne penser qu'à moi.

Personne pour partir en vacances à cette période ? J'y vais seule, je finirai bien par rencontrer des compagnons de route comme Taylor. Nous devrions certainement cesser d'avoir peur d'être seuls. Cesser de craindre le qu'en-dira-t-on, le regard des autres, le jugement. Nous sommes finalement tous responsables de cette sensation que nous ressentons. Nous sommes finalement tous un peu juges, avec une certaine curiosité, de ce qui n'est pas « codé ». De ce qui sort des cases.

Profiter de sa solitude est parfois synonyme de « non codé ». Et pourtant, notre corps, notre matière, notre non-matière, tout cela nous crie que nous en avons besoin.

Lors de mon voyage à Cuba, j'ai rencontré cette jeune fille aux cheveux ondulés, de nationalité française et dont le prénom aurait pu être Lisa ou peut-être Élisa.

Nous avons partagé un taxi collectif. Nous avons échangé quelques mots le temps du voyage. Elle me racontait qu'elle était allée au Mexique rendre visite à des amies à elle qui étaient en échange universitaire.

Une autre amie devait l'accompagner et toutes deux devaient ensuite aller à Cuba. Elle avait finalement annulé deux semaines avant le départ sans raison apparente.
Lisa était alors partie seule.
« Mais en fait, je ne suis jamais seule, je rencontre

sans arrêt du monde. » C'est ainsi qu'elle me le dit. C'est ainsi qu'elle le vit. L'aspect humain est décuplé quand nous sommes livrés à notre simple singularité. En étant seuls, nous sommes des aimants à relations. Finalement, nous ne sommes pas à l'abri d'être encore plus entourés quand nous voyageons seuls.

*

C'est ce qui m'est arrivé à Avignon.

Le soir de mon arrivée, je décide de me rendre au hasard des rues de la vieille ville. À la recherche, sans but précis, de quelque chose à manger pour le soir. (J'adore acheter quelques ingrédients, rentrer à la maison et me cuisiner un repas rien que pour moi.) Je trouve alors un supermarché tout petit mais bien achalandé. Je vais certainement y trouver mon bonheur.

Je vous mentirais si je vous disais que je souviens de ce que j'y ai acheté. Je me rappelle simplement avoir pris un panier vert et m'être promenée dans les petits rayons du magasin. Jusqu'à ce que le hasard remette Taylor sur mon chemin.

Entre un paquet de pâtes et un pot de cornichons, il était là. Tentant, tant bien que mal, de se repérer dans un supermarché qui devait lui sembler ridicule face aux géants nord-américains.

J'étais surprise. Je n'imaginais pas un instant le recroiser. Je pensais que nos chemins s'étaient séparés pour de bon. Finalement non. J'étais surprise, oui mais ravie. Taylor n'a pas l'air étonné de me voir. La vie nous réserve de sacrées aventures.

Je lui parle de ce spectacle qui a lieu demain soir et auquel j'ai envie d'aller. Il me parle de son Airbnb. Que les propriétaires y sont agréables et qu'il s'imagine rester une nuit de plus à Avignon. On se donne alors rendez-vous pour le lendemain. On ira visiter la ville et le pont. Marché conclu.

En parallèle, je me réserve du temps pour moi. Nous nous envoyons des mails pour confirmer nos visites mais je profite du matin pour tourner des vidéos, du soir pour dîner seule.

Il m'accompagne finalement au théâtre : une œuvre moderne absolument déroutante. Nous passons ainsi trois jours à faire connaissance et à découvrir la ville.
Je suis restée très longtemps en contact avec Taylor. Il m'envoyait des photos de ses voyages. Me disait, un an plus tard, qu'il était à Prague et que je devrais visiter cette ville.
Nous avions en commun cette passion de la découverte et des autres. Nous étions curieux de tout et prêts à déplacer les montagnes pour atteindre nos rêves.

À l'heure où je rédige ce passage, me vient l'envie de lui envoyer un mail. De lui demander des nouvelles.

J'ai d'ailleurs récemment posté une vidéo où je parlais de reprendre contact avec de vieux amis… je le ferais bien moi-même !

Je suis une fille du sud. Du soleil.
Je me rappelle encore la douceur de l'instant ici,
en Sicile, à Scopello. Mon amie Aurélie m'avait
conseillé cette crique peu visitée.
Sans elle, nous ne l'aurions jamais trouvée.

BARCELONE

Peu de temps plus tard, j'ai décidé de partir seule à Barcelone pour un week-end.

J'avais découvert que de nouvelles lignes de bus avaient ouvert et que l'on pouvait partir de Lyon le soir pour arriver à Barcelone le lendemain matin.

Nous étions en avril 2014.

J'avais réservé ma petite chambre dans mon Airbnb et pris mes billets de bus sur Internet. Barcelone n'attendait que moi.

C'était la troisième fois que je me rendais dans cette ville mais je ne la connaissais pas véritablement.

À 6h30, j'arrivais à la Estacion del Norte de Barcelone.
Je me situais à peu près grâce à un plan sur le téléphone. Mon objectif premier : trouver la mer. Il était bien trop tôt pour me rendre à mon logement ou faire quoi que ce soit d'autre !

J'ai alors marché près d'une heure, ma valise à la main, à la recherche de la plage de la Barceloneta. J'avoue, je me suis perdue dans le dédale des rues du Gotico. Quelle idée aussi, de passer par là !

Je n'étais qu'avec moi-même, personne ne pouvait me détourner de mon objectif.
La ville se réveillait à peine et j'empruntais le chemin de la plage comme je le ferai souvent plus tard lors de mes courses à pied matinales. L'histoire se répète.

7h40, je me le rappellerai toujours. À 7h40, j'étais assise sur la plage de la Barceloneta. Le soleil se levant devant mes yeux. L'hôtel W dévoilant ses reflets vitrés. Seule au monde.

Il n'y avait personne. La plage était pour moi.

Je me suis assise sur le sable un peu humide du matin. Ma valise à proximité. Je me suis couverte du vent et j'ai admiré.

J'étais bien.

J'avais besoin de ça.

*

On dit souvent que quand on est mal il faut partager, échanger, se changer les idées en voyant du monde. Je ne crois pas que cela fonctionne avec tout le monde.

Quand je vais mal, comme à cette période, j'ai besoin d'être seule et de m'évader. Je n'ai pas besoin d'exprimer ce que je ressens auprès d'autres personnes et ai encore moins de leur polluer l'esprit avec mon mal-être.

Je crois sincèrement que l'on est chacun son meilleur confident. Qu'il est primordial de savoir partager, écouter et échanger avec ceux qui nous entourent mais que le plus précieux vient de nous. De tout ce qui s'opère en nous grâce à ce que nous vivons et échangeons au quotidien.

Dois-je accepter ce nouveau job qui m'est offert?
Il est bien payé, mais l'entreprise n'est pas autant en accord avec mes valeurs que celle où je suis…
Dois-je avouer à mon ami que son comportement ne me plaît pas? Cela me soulagerait mais je n'ai pas envie de lui faire du mal.
Dois-je partir en vacances maintenant? J'ai besoin de me reposer mais je n'ai pas beaucoup d'économies.
Pourquoi vais-je mal? Que puis-je faire pour m'en sortir? Pourquoi ma vie tourne ainsi? Quelle est ma voie?

Toutes les réponses à ces questions se trouvent en nous. En ce que notre environnement, nos échanges avec nos amis, notre famille, nos collègues ont créé en nous.
Les échanges nous permettent de nourrir notre réflexion et de mûrir notre propos intérieur.
Je ne crois pas que l'on puisse vivre en totale autarcie et solitude. Nous sommes des animaux humains et, par définition, nous avons besoin de l'autre pour exister.

Mais dans tous les cas, ce n'est que notre vibration intérieure, notre être profond qui sait faire les choix les plus pertinents pour nous.
Voilà pourquoi nous avons besoin d'être seuls.
Voilà pourquoi nous ne devons pas avoir peur de voyager, aller au resto, nous promener seul.
Voilà pourquoi il est primordial de savoir se trouver un temps pour soi. Comme si nous étions deux entités distinctes en une unique personne. Celle qui socialise et l'autre qui se recentre. Cette deuxième part de nous, je l'appelle notre petit ange. Il sait tout et voit tout.

Nous avons tous nos petits anges au-dessus de notre tête. Faites confiance au vôtre. Il veille sur

vous et vous permet de faire les choix bons pour ce que vous êtes. Apprenez à écouter votre cœur et votre unité. Apprenez à vous valoriser autant que vous valorisez les personnes de votre entourage.

Trouver l'équilibre n'est pas toujours facile mais quand je suis seule, chez moi ou ailleurs, je réapprends à me connaître. À m'écouter à nouveau.
Nous sommes pris dans des flots d'information et de vie qui nous embarquent comme dans un toboggan géant. Nous ne contrôlons parfois pas ce qui nous arrive et faisons les choses machinalement. Comme si notre esprit n'avait plus son mot à dire et que seul notre corps, comme une machine, pouvait répondre à la vie.
C'est à ça que servent ces moments de solitude. À se rééquilibrer. À être à la fois acteur de son corps, de son esprit, de sa vie, et de la société. Un équilibre à l'importance dont nous ne sommes pas tous conscients. Certains vivent les choses presque machinalement sans percevoir que la balance flanche. Ils n'ont peut-être pas besoin de tout ce ramdam de cerveau. Je ne sais pas.

Voilà ce que je ressens, voilà mon expérience.

VOYAGER EN AMOUREUX

J'étais récemment au Costa Rica pour le travail et l'une des personnes de l'agence de production nous a demandés, à Guilhem et à moi, si nous voyagions toujours tous les deux.

La réponse est non.

Cependant, c'est de loin ma meilleure compagnie!

Voyager ensemble est une «épreuve» de la vie de couple, autant que de vivre ensemble.
Je crois sincèrement qu'il y a des manières très différentes de voyager et, plus on part, plus on sait ce que l'on veut et comment on le veut.
Par exemple, j'adore partir en connaissant mon itinéraire mais ne me préoccupe pas forcément des lieux que je vais visiter, des logements, des restaurants... Je laisse beaucoup de place au hasard et j'aime ça.
Au contraire, il y a des personnes qui préfèrent voyager en ayant tout planifié. En ayant repéré les meilleurs restaurants, boutiques, musées de la ville pour être certains de ne rien louper. Ça se tient, vraiment! Mais moi j'aime le suspense et surtout, j'aime me dire, qu'à tout moment, au hasard d'une rencontre, je peux changer mes plans.

Et mon chéri aussi.

Notre première «épreuve» a eu lieu un petit mois après que l'on se mette en couple. Nous étions partis dans la région de Valence (en France) dans un Airbnb tellement mignon que l'on s'y est sentis immédiatement chez nous, et avec des propriétaires tellement charmants que l'on voulait qu'ils deviennent nos amis.

Nous sommes restés là-bas trois jours.
C'était assez incroyable, pour moi, de partir avec lui aussi rapidement. De ne savoir que nous n'avions qu'un mois de vie de couple derrière nous et que nous prévoyions déjà des petites vacances. Je n'avais jamais connu ça et la petite fille qui est toujours en moi était émerveillée.

Nous avons passé trois jours à ne profiter de rien d'autre que d'être ensemble, à faire nos courses chez le maraîcher et à nous perdre dans les collines alentour. Je me souviens de ce week-end avec beaucoup d'émotion, c'était la première fois que l'on s'appelait par des mots doux, la première fois que l'on exprimait ouvertement que nous tenions l'un à l'autre. Comme si le fait de nous retrouver hors de notre quotidien nous avait donné envie de nous exprimer davantage. D'être encore plus sincères l'un envers l'autre. On apprenait à se connaître et chaque instant était un cadeau et un échange de plus avec celui qui partage toujours ma vie aujourd'hui.

Je n'ai pas douté une seconde que cela se passerait bien: ça se passe souvent bien au début des relations. Mais j'avais déjà connu des garçons tellement peu réceptifs à mes centres d'intérêt que, s'isoler au fin fond de la Drôme, sans wi-fi en plein mois de juillet, il était possible que cela ne passe pas avec Guilhem non plus. Alors oui, c'est un bon test.

Et il n'y a pas que le week-end en lui-même qui est un test; la préparation en est un tout autant! Qui s'occupe de réserver le logement? Qui s'occupe de l'itinéraire? Qui paye? Comment on s'organise pour se rembourser? Qui définit le planning (si planning il y a...)? Vous aurez

compris que cette fois-là c'était beaucoup au *feeling* et sans ça, nous n'aurions sûrement jamais croisé Sébastien Chabal chez le maraîcher. La joie de l'imprévu encore une fois.

Je crois que l'on peut passer de bonnes vacances en amoureux même si les éléments de préparation n'ont pas été partagés, mais sur le long terme on finira par se lasser et par avoir envie de partager toutes les étapes avec notre moitié. C'est comme les tâches ménagères, mais en mieux !

J'ai fini par comprendre à quel point nous étions de bons compagnons de voyage l'un pour l'autre quand, au bout de presque un an, nous sommes partis au Mexique. Notre premier grand voyage, le premier long courrier de Guilhem et un rêve qui devenait réalité pour nous deux.
Nous vivions encore à Lyon, Guilhem était commercial et je n'attendais pas de lui qu'il puisse avoir le temps de faire beaucoup de recherches sur nos futures vacances. Puis un jour, comme sorti de nulle part, il me parle de ce blog. Ce blog où l'auteur racontait son aventure dans le Chiapas, cette zone hors des sentiers battus, que je n'avais pas du tout envisagée comme une destination possible jusque-là. Il me dit que nous pourrions y aller pour dormir dans la jungle. À l'époque, je ne savais pas encore parfaitement à quel point mon chéri ne voit pas les limites du raisonnable, à quel point il suit son instinct et ne se soucie pas de la cohérence avec ce qui est prévu. Tant que cela lui plaît, il part du principe qu'il trouvera comment tout faire entrer dans le planning !

Et il a souvent raison.

Alors je m'intéresse. Je tape le nom de « Palenque » dans Google. Je vois qu'il y a de forte chance qu'il n'y ait pas d'électricité là-bas. Que ça nous changera, qu'on ne vivra cette expérience qu'une fois dans notre vie, et que si vraiment on manque de confort, on pourra toujours se trouver un joli appartement sur la Riviera Maya plus tard. Bref, je suis convaincue. Et je le laisse tout organiser.
Je m'occuperai du virement pour payer le lieu parce que, ça, c'est mon truc mais je ne me consacre à rien d'autre. Le reste, c'est justement SON truc.

Cette photo illustre à merveille
nos voyages en amoureux. La douceur, la complicité,
la simplicité. C'est une belle façon de se ressourcer
et de faire des découvertes à deux
(et puis quand il cuisine, je sais que
je vais me régaler !)

Après une longue nuit de bus, je suis malade comme un chien, mon estomac ne répond plus, j'ai envie de dormir plus que tout autre chose. Et je me rends compte à quel point cette idée était géniale. Le lieu a cette magie qu'on ne pouvait pas louper !

Voyager avec son chéri, cela peut être comme voyager avec son meilleur ami. En tout cas, pour moi, c'est le cas. C'est vivre l'émotion du voyage ensemble et y faire allusion à chaque instant de vie. On s'amuse à s'envoyer régulièrement des photos d'Hawaï (notre rêve pour les mois à venir), la Polynésie française, les Fidji, Santorin… en se demandant « devine où c'est ? ». C'était un rituel que l'on aime avoir, comme un rappel pour ne jamais oublier de rêver et de se projeter pour pouvoir atteindre ses objectifs.

Alors oui, je crois sincèrement que c'est comme voyager avec son meilleur ami.

Je me souviens quand, à New York, en voyant les cabines téléphoniques dans les rues, on entrait dans la peau des personnages de *Person of Interest*. Cette série est certainement l'une de mes préférées au monde. Pas simplement parce qu'elle se déroule à New York mais aussi parce que l'intrigue et les images sont incroyables.

Finch a mis au point une machine qui lui permet d'avoir un œil sur toute la population de la ville. Cette machine est alors capable de le prévenir des potentielles menaces terroristes et meurtres locaux *via* les cabines téléphoniques. La machine ne donne que des chiffres et des lettres. Vous saurez bien vite pourquoi, je vous en ai déjà trop dit ! Alors imaginez, quand nous sommes à New York, entourés de toutes ces cabines… Finch et sa machine sont forcément dans notre esprit !

Je me souviens quand, en Colombie, on apprenait à imiter le terriblement fameux *plata o plomo* de Pablo Escobar dans *Narcos*.

True story : l'homme à qui nous avions demandé de prendre la photo en avait pris 4 avec son doigt sur l'objectif. Nous avons alors demandé à une vacancière su son transat et, depuis, on s'amuse encor à se remémorer le fail du premier essa

Plata o plomo est certainement la phrase la plus connue de Pablo Escobar. Pour faire simple, « tu payes ou l'on te tue »… À force d'enchaîner les épisodes sur Netflix, on a fini par vouloir avoir la même gestuelle, la même intonation. On s'est pris au jeu !

Je me souviens quand, à Tulum, on se levait à 5 heures pour aller à la plage admirer le lever du soleil sur l'océan.

Je me moque de lui quand il mange trop épicé et que je lui rappelle cette célèbre phrase mexicaine : *pica rico*. À l'époque de mon alternance de Master 2, l'un de mes collègues vivait au Mexique pour la filiale locale. Quand nous sommes passés à Cancún, il était là pour nous faire visiter la ville, nous emmener manger dans les meilleurs endroits. Et c'est lui qui nous a raconté qu'ici, on ne disait jamais « ça pique » tout seul mais « ça pique bon ». Cette traduction est très vilaine, je vous l'accorde mais c'est exactement ça.
« Ça pique, mais c'est un bon piquant. »

Je me souviens quand, à Santorin, on installe l'appareil photo, en mode retardateur, pour se créer des souvenirs papier sur notre quad, la nuit tombant sur l'île.
Je me souviens de tout ça.

Tout ce que l'on ferait avec
un meilleur ami, je le fais
aussi avec lui. Parce
qu'on se connaît trop bien.
Parce qu'on a la chance
de se comprendre et d'aimer
les mêmes choses.
Et parce qu'on participe
tous les deux à la
création des souvenirs
que l'on partage avec le même
enthousiasme.

Alors oui, en 2015, nous sommes allés au Mexique. Notre premier grand voyage en amoureux. Une merveilleuse expérience.

Nous avons fini notre séjour à Tulum. L'une des villes de la côte maya, au sud de *beurk beurk* Cancún. (Je n'ai pas vraiment apprécié la ville de Cancún alors j'aime bien l'appeler comme ça.)

Tulum est mon paradis! Mon idéal! Mon sanctuaire du bien-être. J'ai pour habitude de ne pas vouloir retourner là où j'ai déjà été, mais Tulum... j'y retournerais volontiers!

Tulum est une ville relativement touristique mais nous y sommes allés en mai et la plage était à nous!
Tulum, c'est d'abord la ville où arrivent les bus, où il y a les commerces, les restaurants et les grands axes. Mais c'est aussi la plage, bordée d'hôtels magnifiques, souvent petits ou de taille raisonnable, où il règne cette ambiance yogi, un peu *bab* et jus détox que j'ai adorée!

Nous avons passé deux nuits dans chacune des zones de la ville. D'abord près du centre. Le *rooftop* de notre maison d'hôte donnait sur une forêt immense. C'était complètement irréel, comme si un bout de la forêt amazonienne avait élu domicile à côté de chez nous, comme un jardin.

La rue principale de Tulum mêle commerces, restaurants et zones en travaux – comme souvent en Amérique latine.

On circule à vélo, c'est la norme, et il n'est nul besoin de l'attacher, personne n'ira vous le voler, tout le monde en a déjà un.

Chaque restaurant est un appel à la découverte. On a envie de goûter à tout. Guilhem découvre des saveurs encore méconnues et profite de son premier voyage lointain. C'est une expérience que l'on partage. Un truc que l'on fait ensemble comme pour entamer quelque chose de nouveau. Le début d'une histoire à deux, à travers le monde, dans des restaurants différents. On part loin, pour la première fois

ensemble – pour sa première fois à lui. C'est une jolie symbolique.

On ne pense pas à grand-chose. On tire des plans sur la comète. On parle d'un futur café - salon de thé que l'on aimerait ouvrir un jour. On lui trouve même un nom. On immortalise ce moment par une photo.

Je devais encore être en train de manger une salade et des quesadillas. J'ai sans doute passé trois semaines à ne manger que ça mais je ne m'en suis pas lassée. Comme si c'était l'équilibre parfait pour mon petit être. Un peu de fromage, un peu de « pain » et une petite salade de tomate en accompagnement.

Puis nous passons les dernières nuits du côté de la plage.

Lors de notre premier jour à Tulum, nous sommes partis à vélo à la recherche de la plage, justement. On voulait marquer le coup, mettre les pieds dans l'eau et profiter du moment comme les bons vieux touristes que nous sommes.

On a pédalé. Pédalé. On nous dit que c'était par là, tout droit. Mais personne ne semble vraiment convaincu. Et pour cause!

La route de la plage est une route ombragée où les bananiers côtoient les palmiers. À droite, des restaurants, des boutiques de vêtements magnifiquement décorées. À gauche, des hôtels.

Que des hôtels.

On pédale.

Vient le moment où l'on se dit qu'à force de pédaler, on risque certainement de se retrouver au Belize. On en rigole. C'est léger, ce n'est pas grave. Et puis, plus on pédale et plus on découvre la région. Mais quand même, on commence à avoir soif!

On décide alors de provoquer le destin. De n'en faire qu'à notre tête quitte à se faire refuser l'accès à la plage qui semble appartenir aux hôtels. Comme s'il fallait y résider pour pouvoir profiter de la mer. Étonnant.

On trouve alors un restaurant sur notre route. On dépose nos vélos sur le petit parking devant, on les attache puis on part à la découverte de l'endroit.

En traversant le petit jardin qui précède le restaurant, on sent que l'on va trouver quelque chose de magnifique. Comme si Tulum nous promettait cela depuis longtemps et que nous nous étions préparés à en avoir plein les yeux. On avance.

Le bar-restaurant est en contrebas de ce jardin très joliment entretenu – herbe coupée avec soin, palmiers et chemin illuminés pour la nuit.

En s'approchant, on ne devine que les balustrades du fond du restaurant. On ne se doute encore de rien. On ne sait pas que celles-ci donnent directement sur la plage. Sur ce sable blanc et doux comme jamais. Que le rêve devient réalité, que ce que l'on voit parfois dans les films est ici bien réel et que nous allons pouvoir siroter nos jus de « piña » les pieds dans l'eau – ou presque.

Alors on demande à pouvoir consommer. On flotte sur notre petit nuage de voyageurs amoureux.

On nous installe à une table donnant sur la mer. Juste derrière la balustrade de bois peinte en blanc. Ce lieu est incroyable. On doit sûrement entendre des « waouh » et des « punaise !!! »

sortir de ma bouche. Guilhem ne dit pas grand-chose, trop absorbé par la beauté du lieu. La mer est là, encore plus belle qu'à Cancún, de mille nuances de bleu. Le ciel se confond presque avec elle et le sable semble parfait.

Le bar est d'une tranquillité étonnante et la plage est vide. Aucun touriste à l'horizon. Quelle merveilleuse idée nous avons eue de voyager hors saison!

Alors on reste là, à boire nos jus d'ananas en profitant du moment. On ne se soucie de rien. On refait le monde, à nouveau.

Je crois que l'on aime bien ça – refaire le monde. On imagine ce que l'on fera demain, après-demain et même les prochaines années. On pense à notre possible déménagement à Barcelone, au travail de Guilhem qu'il faudra qu'il quitte. On se met à rêver de toutes ces possibilités qui s'offrent à nous en buvant notre jus.

Alors oui, après cette expérience inoubliable, nous avons décidé de passer nos deux dernières nuits de la Costa Maya sur la plage de Tulum. Encore un hôtel trouvé un peu au hasard mais qui nous remplit de joie.

On y accède par cette fameuse route où nous faisions du vélo. On enlève vite nos tongs pour fouler le sable qui sert de jardin à l'hôtel. Tout est fait de bois et le toit est recouvert de feuilles de palmier séchées. Réveillez-moi, je rêve!
On nous emmène au deuxième étage. Les escaliers montent vers le ciel en nous offrant une vue imprenable sur la mer. L'hôtel est petit, comme tous les hôtels ici. Loin du Cancún qui nous a fait fuir. Nous aimons Tulum.

Notre chambre est composée d'un grand lit au-dessus duquel a été placée une moustiquaire. « On est sous les tropiques », nous répétait une hôtesse américaine, à Merida, quelques jours plus tôt.

On va être bien ! On ne peut pas cuisiner ici, ça nous change. Mais c'est l'occasion de découvrir cette nouvelle partie de Tulum, qui sent bon la myrrhe et où des cours de yoga ont lieu quotidiennement.

Quand je repense à Tulum, j'ai l'image d'un petit paradis sur Terre. Je n'ai encore visité aucun autre endroit comme celui-là. Et je vous avouerais que quand je tombe sur des photos de ce lieu sur Instagram, j'envie les personnes qui y sont car je sais qu'elles vivent des moments précieux là-bas.

Et vient le dernier matin. Celui où l'on doit rebrousser chemin, traverser à nouveau tout le Mexique pour retrouver la capitale, et rentrer en France. Ce matin que l'on n'avait pas tellement envie de voir arriver. Ce matin auquel on ne pensait pas trop parce qu'il sonnait la fin de cette échappée à travers ce merveilleux pays.

On sait à quelle heure se lève le soleil. On est prêt à se retrouver face à lui, aussi tôt qu'il le souhaitera.
Ça y est. On se lève, il est à peine 6 heures. L'air est déjà doux alors on descend en pyjama, les pieds nus et les yeux qui piquent. Les transats passent la nuit dehors, on en profite. On s'assoit et on attend. On a pris notre paréo acheté quelques jours plus tôt juste pour se couvrir au cas où.

On est là, tous les deux, face à l'océan Atlantique, avec le bruit des vagues et le soleil qui, bientôt, fera son apparition sur la ligne d'horizon. Les yeux piquent mais nous savons que, d'ici quelques minutes, nous serons totalement éblouis par le spectacle que la nature va nous offrir.

Le soleil apparaît.

Petit à petit.

Petit à petit, je vois le orange
et le rose se mélanger
au bleu nuit.

Petit à petit, je vois cette ligne
dorée apparaître tout au bout,
là où j'imagine qu'il y a mon pays,
ma Maman et ma vie.

Petit à petit, un point se forme
au milieu. Aussi parfait que l'on
peut se l'imaginer. Aussi parfait
que ce moment.

Les couleurs se transforment de minute en minute. Le orange devient rose puis violet. Je me dis que la nature est plus créative que nous tous réunis. Qu'elle a ce pouvoir et ce talent qui envahissent et rendent muet.

Le ciel se transforme en une palette de couleurs incroyable, entre le froid de la nuit et la chaleur du soleil. La journée s'annonce encore très belle.

La mer se parera bientôt de ses tons verts et bleus. Tulum s'allumera bientôt au rythme de ce soleil qui revient. La magie de la nature m'impressionne. Le spectacle est assez long pour que l'on en profite pleinement.

C'est magnifique.

Ce moment, je le garde encore en mémoire et tente d'y repenser souvent. Je me dis que c'est, de loin, l'un des moments les plus purs et les plus beaux que j'ai vécus. Rien ne comptait. Rien à part ce spectacle majestueux et la présence de mon amoureux à mes côtés. C'est ainsi que je me ressourçais, dans un calme et une sérénité absolus.

Centre et Est du Mexique en trois semaines

Le Mexique est certainement le pays que je recommanderais le plus facilement pour de vraies vacances : ce pays a tout ! On se sent à l'aise mais dépaysés et ça, c'est certainement l'équilibre parfait, non ?

JOUR 1 à 3

Ciudad de Mexico

Ciudad de Mexico est une des plus grandes villes du monde, toujours en action. C'est un plaisir de découvrir les différents quartiers à pied en réalisant les plus grandes distances en métro. Celui-ci est très pratique, propre et assez sûr.

JOUR 1

Commencez votre journée en prenant les transports en commun pour vous rendre au musée **Frida Kahlo**. J'avoue ne pas l'avoir visité, n'ayant pas encore eu la chance de vraiment m'intéresser à son travail à ce moment-là.
Mais si j'ai à l'avenir l'occasion de retourner à Mexico, je réserverai certainement ma première visite à ce musée !

La **Casa Azul** (l'autre nom du musée), située en banlieue de la ville de Mexico, est la maison dans laquelle Frida a grandi. Vous y trouverez une majeure partie des œuvres de l'artiste ainsi qu'une collection privée de statues et de livres. Une fois votre visite terminée, rendez-vous dans le centre historique, à la **plaza de Bellas Artes** (place des Beaux-Arts) : une place immense, ouverte sur de nombreuses rues. La principale attraction est le musée en son centre.
Continuez ensuite en direction du **Zocalo**, en empruntant la grande rue commerçante, **L'Avenue du 5 mai** (en souvenir de la victoire des troupes mexicaines contre les troupes françaises à Puebla en 1862). Vous y verrez des artistes déguisés en personnages de dessins animés, des vendeurs à la sauvette, des marques internationales et d'autres complètement inconnues.
Vous arrivez alors au Zocalo. Cette place est une des plus grandes du monde (oui, Mexico city a un truc avec la grandeur !).

Entourée de la cathédrale métropolitaine de Mexico et du Palais national, cette place est également célèbre pour son immense drapeau qui flotte au vent (là aussi, certainement, l'un des plus grands du monde !).
Tentez de prendre une photo devant cet impressionnant emblème mexicain !
À l'opposé du Zocalo, en traversant à nouveau la place des Beaux-Arts, se trouve un quartier plus moderne. D'importants édifices commerciaux ont poussé et le contraste est intéressant.

Plaza del Zocalo (vous repérez mon chéri ?)

À l'heure du déjeuner, laissez-vous tenter par un des nombreux restaurants de cuisine locale. Ne vous fiez pas aux apparences. Les tables seront certainement en plastique, une vieille télévision pourra diffuser les informations nationales, les serviettes seront peut-être aussi dans des distributeurs posés sur les tables MAIS, vous devriez vous régaler!

Dans l'après-midi, partez visiter le quartier du marché de la **Lagunilla**, plus populaire et très « latino ».

Dans ces rues pleines de vie, il vous faudra slalomer entre les chariots pleins, les enceintes posées à même le trottoir, les livreurs et autres vendeurs de fruits et légumes.

En fin journée, retournez sur vos pas, en direction de la **Torre LatinoAmericana**.

Cette immense tour commerciale est ouverte au public et vous pourrez admirer la ville depuis les terrasses du 44e étage.

Et pour vivre l'expérience jusqu'au bout, restez dîner au restaurant du 41e étage. Pensez à réserver, laissez votre téléphone dans votre sac et profitez des plats, de la vue et de la compagnie!

JOUR 2

Pour profiter au mieux de la ville, tentez de trouver un hébergement dans les quartiers de Roma ou de Condensa. À la fois dépaysants et modernes, ces deux quartiers offrent bon nombre de visites et de kilomètres de marche!

Commencez votre journée en vous rendant au **Mercado Roma** (le marché de Roma).

Cet agréable marché couvert est l'occasion de découvrir des mets locaux, de goûter des insectes (pour les amateurs…) et de déguster de merveilleux jus et smoothies frais.

Continuez à vous promener dans ces deux quartiers, arrêtez-vous dans les boutiques de souvenirs et n'hésitez pas si un drap ou un objet de décoration vous fait de l'œil – c'est à Mexico que l'on trouve les prix les plus attractifs.

Plus tard, dirigez-vous vers le parc de **Chapultepec**.

Cet immense parc est le poumon de la ville. Vous y verrez de nombreux écureuils et autres animaux sauvages. Vous traverserez aussi des zones très urbaines, entourées d'immenses immeubles modernes. Un visage de Mexico que vous n'auriez peut-être pas imaginé.

En fin de journée, rendez-vous à l'**Arena Mexico**. Ce lieu est incontournable pour découvrir la *lucha libre* (lutte libre) et la passion nationale pour ce sport de combat.

Cette étape constituera réellement un grand moment.

À l'entrée, vous pourrez même acheter des déguisements (masques de lutteurs par exemple). Asseyez-vous, prenez du pop-corn, une boisson et profitez de cet incroyable spectacle.

À l'heure du dîner, je vous invite à vous rendre à **Condesa** où vous trouverez une très grande variété de restaurants de qualité (et même végétariens).

JOUR 3

Au petit matin, prenez le bus pour Teotihuacan.

Vous aurez certainement l'occasion de visiter plusieurs sites historiques pendant votre séjour, mais **Teotihuacan** est indéniablement l'un des plus grandioses.
Cet incroyable site composé de pyramides plus ou moins hautes et de constructions plus modestes est empli d'une énergie très singulière.
Pour vous restaurer, vous trouverez un restaurant tout à fait correct et propre. Je vous conseille la salade de nopal (cactus), typique de la région.

Où dormir :
Quartier de Condesa ou **Roma**.
Où manger :
The Green Corner: Calle Mazatlan 81 - Condesa.

JOUR 4 et 5

Campeche

Campeche se trouve à 1h d'avion de Mexico. Arrivez le matin pour pouvoir en profiter au maximum.
Cette ville n'est pas, à proprement parler, une destination touristique. Cependant, son atmosphère, ses couleurs et peut-être sa chaleur, pourront vous charmer autant qu'elles l'ont fait avec moi!
Au-delà des adorables ruelles, des maisons de toutes les couleurs, on a vite fait de se sentir comme chez soi tellement tout est accessible, doux et simple.
Voici donc mes trois endroits préférés:
. Les petits restaurants dans la rue 59, en terrasse;
. Le magasin Cuidado con el perro;
. Le Walmart pour découvrir l'empreinte américaine.

Pour les amoureux des couchers de soleil, rendez-vous au **Fort San Miguel** depuis lequel vous pourrez admirer la ville et ses magnifiques couleurs.
Au soir du 5e jour, prenez un bus de nuit (*via* le site ado.com par exemple) direction **Palenque** : la jungle vous tend les bras!

Où dormir:
Dans la vieille ville colorée.

JOUR 6 à 8

Chiapas

Au petit matin, pas très frais mais plein d'entrain, vous arriverez à Palenque.

Rendez-vous à **El Panchan** en bus collectif pour y déposer vos affaires et découvrir les lieux. On vous ouvrira les portes d'une cabane, au milieu d'une forêt admirable où il n'est pas rare de croiser des singes passant d'arbre en arbre.
Vous pourrez petit-déjeuner sur place: les conditions d'hygiène sont loin d'être idéales alors je vous conseillerais de miser sur des valeurs sûres (éviter la viande, le poisson, le lait. J'ai pour ma part pris des pancakes qui, sans leur sauce de lait, un mélange de crème fraîche et de crème anglaise, auraient été parfaits...).

Palenque est une ville d'artisanat. Laissez-vous tenter par un sac coloré ou des bracelets en bois.
Dans l'après-midi, prenez un bus collectif pour le site maya de Palenque.
Ce site, situé en plein cœur de la **région du Chiapas**, a l'avantage d'être encore très calme car moins touristique.
L'énergie qui y circule est très puissante.
Prenez le temps de vous poser dans les grandes étendues d'herbes aux pieds des pyramides ou sur les marches de certains édifices pour vous imprégner du calme de la forêt et de la puissance qui émane des constructions, tout cela vous donnera l'occasion de vivre une expérience pleine de magie.
En fin d'après-midi, de retour au camp de cabanes, partez à la découverte des lieux.
Cet « hôtel » vaut une visite! En vous perdant dans la forêt, vous arriverez à une pancarte indiquant « Tattoo ».
Suivez-la!

Une petite maison se profilera au loin et si l'hôte est de bonne humeur, il vous invitera à entrer, à discuter et à refaire le monde en fumant... je ne saurais vous dire quoi...
Cet homme est tatoueur et vit perdu dans cette forêt quand il ne voyage pas à travers le monde. Une rencontre qui laisse songeur...
Profitez de la soirée pour visiter la petite ville de Palenque, vous imprégner de ses bruits, de ses odeurs et restez-y pour dîner.

Où dormir:
El Panchan – Chato's cabañas (réservation préalable *via* e-mail et paiement Paypal ou à la réception).

JOUR 7

Depuis le camp, vous pouvez organiser votre excursion à la cascade de Misol Ha et la réserve d'Agua Azul (eau bleue).

Un van vous conduira d'abord vers la cascade. Lieu emblématique de la région, vous y découvrirez une impressionnante chute d'eau. Il est interdit de s'y baigner mais la visite vaut le détour. Vous continuerez alors vers **Agua Azul**, un lieu qui restera certainement gravé dans vos mémoires. Cet enchaînement de petites cascades aux eaux d'un bleu lumineux, plus doux que celui du ciel, vous en mettra plein les yeux! Agua Azul est une zone relativement vaste où il est, cette fois, possible de se baigner.
Un chemin vous conduira le long des cascades. Vous pourrez y découvrir l'artisanat local puis vous perdre au milieu d'une forêt verdoyante pleine de cocotiers et autres arbres tropicaux.

En fin de journée, demandez à pouvoir profiter d'une dernière douche au camp, la nuit dans le bus va être longue!

JOUR 9

Après une nouvelle nuit dans le bus, vous arriverez à Merida vers 7 heures. La journée est à vous!

Commencez par vous rendre à votre hôtel pour y déposer vos bagages, puis profitez de l'air frais du matin pour visiter la ville.

Merida est une ville relativement grande mais sans grand charme. Vous y trouverez de jolies maisons colorées comme partout dans la région mais le plus intéressant est la découverte du centre-ville, typique des *centros latinos*.

Vous n'aurez que l'embarras du choix pour vos achats! Entre vendeurs ambulants, boutiques de vêtements et de décoration de la maison, les centres-villes latinos sont des cavernes d'Ali Baba.

Dans l'après-midi, prenez un bus en direction de la petite ville de **Progresso**, au nord: vous y trouverez la première plage de votre séjour. Cette station balnéaire est très fréquentée par les habitants, mais peu par les touristes.

JOUR 10

Je vous propose de vous rendre dans la très jolie ville d'Izamal. Vous trouverez des combis ou bus qui vous éviteront de louer une voiture. Le trajet dure entre 1h15 et 1h30.

Vous y découvrirez une ville pleine de charme dont les façades arborent deux couleurs principales: le doré et le blanc. Cette ville est aussi appelée *Pueblo Mágico* (le village magique), une distinction reçue en raison de la richesse de son patrimoine historique et culturel.

Prenez le temps de visiter les ruines de la ville ainsi que les pyramides de **Kinich Kak Moo**.

Où manger:
La Chaya Maya (réservation recommandée).

JOUR 11

Au matin du 11e jour, je vous invite à vous rendre dans la merveilleuse ville de Valladolid.

Moins grande que Merida mais plus vivante que Campeche, **Valladolid** est le mélange parfait entre les deux précédentes.

Ses ruelles colorées, son artisanat, ses lumières la nuit sont autant de détails qui vous feront certainement chavirer.

À ce stade de votre voyage, vous aurez certainement déjà beaucoup entendu parler de **Chichén Itzá**.

Cette ancienne ville maya est un lieu touristique très prisé, très photographié, très visité.

Je vous invite vivement à aller le découvrir, mais

gardez en mémoire ce que vous avez pu ressentir dans les précédents sites mayas. Car, en effet, Chichén Itzá n'a malheureusement plus cette énergie singulière.
Situé à 40 minutes de Valladolid, ce site reste incontournable en raison de la grandeur des lieux et de l'impressionnante pyramide qui trône en son centre.

JOUR 12

Pour la visite du jour, je vous conseille de vous organiser avec une agence locale, cela vous facilitera le transport vers les deux sites.

Ek' Balam : cet ancien village maya est situé à une trentaine de kilomètres de Valladolid. Aujourd'hui site archéologique connu, Ek' Balam n'a été cartographié que dans les années 1980. Encore très préservé et relativement peu visité (comparé à Chichén Itzá par exemple), ce lieu vous fera faire un véritable bond dans le passé, à l'époque de la civilisation précolombienne.
Afin de vous rafraîchir, partez à la découverte du premier **cénote** de votre voyage. Le mot cénote vient du maya *dz'onot* signifiant « puits sacré ». En effet, ces cavités plus ou moins grandes, telles des piscines souterraines, sont emblématiques du Yucatán. Elles sont incontournables. En ce jour de découverte, rendez-vous donc au **Cenote Xcanché** non loin du site de Ek' Balam.

JOUR 13

Pour votre dernier jour à Valladolid, prenez un bus en direction de « Las coloradas ».

Cette plage hors du commun vous surprendra par son dégradé de rose !
Classé au patrimoine mondial de l'humanité par l'UNESCO, ce lieu est encore très protégé et les infrastructures touristiques sont (heureusement) peu présentes.
Pour clore votre journée, visitez le petit village de **Río Lagartos** situé à quelques kilomètres de là.

JOURS 14 et 16

Bienvenue à Cancún ! Ne vous faites pas trop d'illusions, Cancún n'a pas grand-chose de culturellement mexicain. Mais rassurez-vous, vous allez passer un merveilleux moment ici car Cancún est l'endroit parfait pour visiter les alentours.

En arrivant dans cette ville, commencez par visiter la zone hôtelière qui constitue, malgré tout, son aspect le plus étonnant. Le long de ses 22 kilomètres, vous y verrez des hôtels aussi grands que peuplés (je vous ai prévenus, on est bien loin du camp de Cabañas à Palenque). Cela ne plaira pas à tout le monde mais le contraste avec tout ce que vous aurez vu auparavant est intéressant.
Ici vous pourrez trouver absolument tous les types de restaurant : japonais, végétarien, burgers, tacos…
Malgré sa popularité, **la plage de Cancún** vous séduira sans aucun doute car, il faut le reconnaître, on ne se lasse pas d'admirer l'eau turquoise et le sable fin !
Prenez un bus ou un taxi pour vous rendre jusqu'au bout, à la **plage Delfines** près du **Mirador**.

Seule à Sian Ka'an - ou presque :)

Cette plage, excentrée, est surtout fréquentée par les habitants du coin. Prévoyez de l'eau car il n'y a aucun magasin aux alentours.
En fin de journée, revenez sur vos pas pour admirer la **Lagune Nichupté**. Les hôtels se sont établis entre la mer et la lagune. Ce site naturel en plein cœur de la ville est paisible et sauvage et marque un contraste fort avec la modernité des hôtels et des activités au bord de la plage. Vous aurez du mal à y croire.
Le soir, rendez-vous à nouveau dans la zone hôtelière, proche des discothèques.
Je n'ai aucun plaisir à me rendre dans les boîtes de nuit mais, en allant à Cancún, il me paraît indispensable de se promener dans cette zone, de nuit. Nul besoin de rentrer dans les lieux, le spectacle qui nous est offert depuis la rue est impressionnant, puisqu'on peut regarder les gens danser dans les discothèques à ciel ouvert.
Vous pourrez ensuite vous rendre au restaurant Natura au kilomètre 9,5 du boulevard Kukulcan, pour un repas plein de vitamines.

JOUR 15

Aujourd'hui, direction Isla Mujeres !

En prenant le ferry dans le quartier Juárez, vous rejoindrez cette île paradisiaque et pourrez y passer la journée !
Prenez le temps de visiter l'île et ses nombreuses boutiques (vous vous rendrez vite compte que les prix de Cancún ne sont pas les mêmes qu'à Mexico). Imprégnez-vous des couleurs, des odeurs, de la chaleur.

Si l'envie de vous éloigner un peu du port vous prend, louez un scooter ou un quad et partez à l'aventure. Vous découvrirez de jolies plages encore relativement sauvages où l'eau est transparente et le sable plus doux que doux !
Le soir, pour les amateurs de cinéma, il y a celui en quatre dimensions.
En plus du son, de la profondeur de l'image, vous ressentirez aussi la vitesse, le vent et l'eau depuis votre siège… Une expérience à ne pas manquer !

JOURS 16 et 17

Playa Del Carmen

Voyager en bus devient vite une habitude très pratique au Mexique.

En quelques heures les paysages changent, les villes sont toutes autres et notre expérience en est d'autant plus nourrie.

En arrivant à **Playa del Carmen**, vous ressentirez peut-être ce que l'on ressent en arrivant à Cassis dans le sud de la France : la douceur des vacances, une connexion au lieu et le tout avec beaucoup de monde autour.
Cette jolie ville n'est pas l'endroit idéal pour profiter de la plage mais elle a le mérite d'être très vivante et vous y passerez sûrement un agréable moment.

MEXIQUE - CARNET DE ROUTE

Laissez-vous tenter par un déjeuner dans le café Chez Céline. J'avoue apprécier les petites touches de cuisine française quand je voyage – comme un retour aux racines, au bon pain, à la bonne salade ou aux omelettes un peu baveuses. Bref, un plaisir.

JOUR 17

En face de Playa del Carmen se trouve la magnifique île de Cozumel.

Ce lieu est idéal pour pratiquer la plongée sous-marine. La région est habitée par des centaines d'espèces animales plus incroyables les unes que les autres, des poissons colorés aux iguanes en passant par les perroquets et même les tortues – très souvent au rendez-vous (ok, il s'agit de mon animal préféré, il fallait que je vous en parle…).
En vous éloignant des plages et des sites d'affluence, vous pourrez découvrir le site archéologique de *San Gervasio*. Ce sanctuaire de la déesse Ixchel (fertilité et amour) était un lieu de pélerinage obligatoire pour toutes les femmes mayas.

JOURS 18 à 20

Plus que quelques jours dans ce merveilleux pays qu'est le Mexique…

Pour finir en beauté, je vous propose de vous rendre à **Tulum**, l'une des villes de la côte maya, au sud de Cancún, afin de profiter du lieu le plus agréable et hors du temps qu'il m'ait été donné de visiter.
Commencez par séjourner une nuit dans la ville puis terminez par deux nuits (certainement magiques) sur la plage.

En arrivant à Tulum, louez des vélos (beaucoup d'hôtels en prêtent à leurs hôtes, c'est de loin le meilleur moyen pour circuler dans cette jolie ville).

Rendez-vous dans le centre-ville, découvrez ses ruelles un peu cabossées, ses routes en travaux, ses restaurants colorés et ses vendeurs d'artisanat.
Continuez jusqu'à la zone de la plage. Elle n'est accessible qu'en traversant les hôtels et vous pourrez vous arrêter manger ou boire un jus en admirant la vue sur la baie.
Toujours à vélo, rendez-vous aux **ruines de Tulum**. Encore plus populaire que Chichen Itza, ce site est le plus visité du Mexique. Ancien port de l'ère précolombienne, ces ruines mayas offrent une vue spectaculaire sur l'océan, un vrai paysage de carte postale.
Il n'est pas rare, aussi, de pouvoir y admirer des danses et autres spectacles traditionnels.
Le soir, je vous invite à découvrir l'un des

nombreux restaurants de la rue principale de Tulum (ville).

JOUR 19

Sian Ka'an est une réserve naturelle située au sud de la Riviera maya.

Cette région très contrôlée n'est accessible que dans le cadre d'une excursion organisée. Ces dernières s'organisent depuis Tulum, en 4X4, et comprennent le transport, le bateau sur place et les repas.
Vous y découvrirez une flore luxuriante et vierge entourant un petit village coupé du monde.
De nombreux oiseaux vivent paisiblement dans cette région, loin de l'activité humaine et de la pollution que nous produisons.
Sian Ka'an est un paradis que les Mexicains ont très bien su conserver jusqu'ici et j'espère de tout cœur que vous pourrez vous y rendre et saurez apprécier la beauté et la fragilité des lieux.
Le soir, longez la route principale qui borde la mer et choisissez une pizzeria ou un restaurant de cuisine traditionnelle. Tout est beaucoup plus cher que dans le centre du pays, encore une fois. Mais le temps s'arrête et vous ne pensez qu'à vous. C'est ça, la magie de Tulum version plage.

JOUR 20

Derniers instants au Mexique. Comme un premier air de nostalgie qui s'installe.

Pour finir en beauté, je vous propose de partir à la découverte d'un nouveau cénote : **el Gran Cenote**.
Le lieu est payant mais son impressionnante cavité, ses eaux transparentes et son puits de lumière valent mille fois la peine.

Dans l'après-midi, prenez un bus collectif qui vous emmènera à **Akumal**.

Cette plage est connue pour sa forte population de tortues de mer (on y revient !).

En arrivant, on vous proposera de louer un masque, un tuba et de partir en bateau au large, le tout pour une vingtaine de dollars. Refusez poliment et, armés de votre propre matériel – que vous pouvez acheter en ville si besoin, allez à la rencontre de ces merveilles des océans.
Le lieu est, malgré l'affluence, très sécurisé. Nombreux sont ceux qui laissent leurs serviettes et effets personnels sans surveillance pendant qu'ils vont se baigner.

Je fais le pari que vous pourrez admirer une, deux ou même trois magnifiques tortues.

Les tortues de mer sont pour moi ce qu'il y a de plus beau et je compte sur vous pour ne rien faire qui puisse nuire à leur développement ou leur épanouissement. Notre écosystème est interdépendant et nous avons besoin de tous les êtres vivants autant qu'ils ont besoin de nous. Alors, d'avance, merci. Merci de ne pas vous approcher trop près. Merci de ne pas les toucher si vous les voyez sur la plage pendant la période des pontes, merci de ne pas laisser de poubelles traîner, merci de prendre soin de ces êtres.

*

Pour clôturer votre séjour à Tulum, si le cœur vous en dit, prenez part à un des nombreux cours de yoga sur la plage ou dans les campings de la région. Je n'ai pas eu la chance de le faire mais, tout comme je souhaite aller à la Casa Azul à Mexico, j'espère pouvoir un jour profiter d'un de ces cours.

JOUR 21

Il est temps de rentrer chez soi.

L'un des plus beaux souvenirs que vous pourriez rapporter dans vos bagages serait le lever du soleil sur la plage de Tulum. Levez-vous vers 6 heures ou peut-être 6 h 15 et, pieds nus, approchez-vous de la mer.

Vivez l'instant pleinement, loin de votre téléphone et du bruit des paroles. Prenez cette demi-heure pour vous. Pour admirer le dégradé de couleurs qui se forme, la boule de feu qui se lève, les températures qui, progressivement, augmentent. Profitez de ces derniers instants avant de vous envoler pour de nouvelles aventures.

Oui, cette plage est paradisiaque, je vous avais prévenu !

DO

Faites du shopping à Mexico.

Goûtez les plats traditionnels, même épicés – enchiladas, tacos et autres burritos.

Visitez la zone *gringo* de Cancún. C'est la zone hôtelière où sont regroupés tous les Américains. *Gringo* = Américain.

Utilisez les transports en commun.

DOn't

Boire l'eau du robinet (ou prendre une glace à l'eau dans la rue : *granizado*).

Y aller uniquement pour voir Cancún.

Ne dormir que dans des hôtels (optez aussi pour des auberges et B&B).

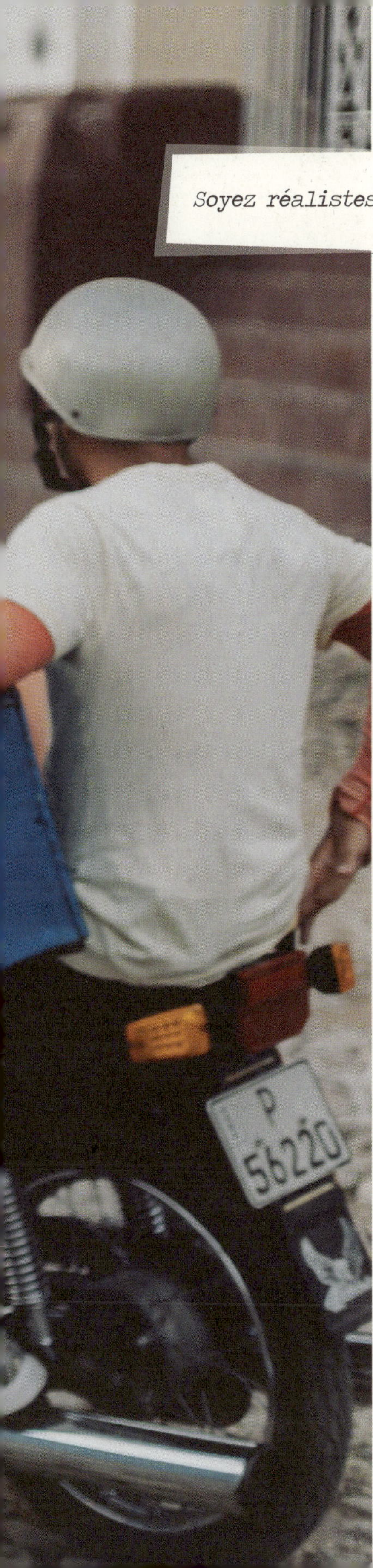

Soyez réalistes: demandez l'impossible.
Ernesto Guevara dit «El Che»

LOIN DE TOUT

Cuba

Voyager pour me déconnecter ne m'est pas facile. Et finalement, ce n'est pas si courant. C'est d'ailleurs sûrement pour ça que ce sont mes souvenirs les plus doux. Ces fois où je ne pars ni pour une collaboration, ni pour créer du contenu pour moi-même. Ces fois où je ne pense qu'à moi.

Au printemps 2016, mon amoureux et moi sommes partis à Cuba. Je rêvais de Cuba. Lui aussi.

Cela faisait des années que j'imaginais ces voitures rafistolées, aux mille et une couleurs. Je me voyais déjà danser dans les rues de La Havane en buvant une coco, le soleil brûlant ma peau.
Je rêvais de Cuba et pourtant, je ne savais absolument rien de ce pays. Un peu comme quand je suis partie en Colombie, certaine de maîtriser la langue, et que je me suis retrouvée à demander que l'on me traduise des phrases aussi simples que « tout à l'heure on rentrera à la maison ».

En quatre années d'activité sur les réseaux sociaux, je n'avais jamais pris de vraies vacances. Ces vacances qui offrent le luxe de ne penser qu'à soi, de ne pas ouvrir ses mails, de ne pas poster sur les réseaux sociaux et, surtout, de ne pas savoir ce qui se passe en son absence.

Cuba a été ma plus belle expérience de retour à la « vraie » vie depuis que je fais ce métier.

Ne vous méprenez pas. J'adore mon métier ! Je ne vous le répéterai jamais assez.

Être influenceuse, c'est un peu effacer cette limite naturelle entre le travail et la vie personnelle. Les deux se mêlent et se confondent. On ne sait plus vraiment si l'expérience vécue doit être publiquement partagée ou si on ne la poste nulle part ou à la limite seulement sur notre page Facebook personnelle. Je ne poste d'ailleurs rien sur mon Facebook personnel, je suis un fantôme, diraient certains.

Je déteste cette sensation. Je déteste ne plus savoir où s'arrête la vie de Safia Ayad et où commence celle de Safia Vendome. (Parce que, effectivement, Vendome n'est pas mon vrai nom de famille. C'est plutôt un nom choisi par concours

de circonstances au moment de trouver un « nom de scène » pour mon blog en mars 2012.) Partir à Cuba m'a aidée à comprendre que Safia A a le droit de vivre sans que Safia V ne s'en aperçoive.

J'ai embauché ma chère Maman. Encore une fois, elle n'est pas loin. Deux semaines avant notre départ, je la briefe sur ce qu'elle devra faire. Elle s'entraîne à mettre des vidéos en ligne, à poster sur les réseaux sociaux. Je lui parle des mails et de la modération des commentaires. Je lui explique que je vais moi-même planifier des posts pour lui faciliter la tâche. Que les dossiers sont à peu près clos et qu'elle n'aura normalement qu'à poster mes quelques articles de blog, mes vidéos et les partages sur les réseaux sociaux. Pour moi, ce n'est qu'une succession d'évidences qui font leur entrée dans la logique de ma tendre Maman.

Je pars ainsi l'esprit libre.
Et c'est là la clé de la réussite de ma reconnexion à ma vie pendant mon voyage à Cuba.

Je savais qu'Internet était rare dans ce pays. Je me connais trop bien et je m'imaginais déjà passer des heures interminables à tenter de trouver le seul hôtel de la ville qui veuille bien me prêter ou vendre un accès à Internet.

Je savais que le réseau serait aussi lent que possible et qu'aucune de mes photos Instagram ou de mes vidéos ne pourrait charger. Mais que je continuerais à m'obstiner, que je finirais par m'énerver. À m'en vouloir, à moi-même, et bientôt même au destin.

Je savais que pour me soulager, je m'en prendrais à Guilhem qui n'aurait rien à voir là-dedans. Qu'il essayerait de trouver toutes les solutions du monde et que, finalement, je gâcherais nos vacances sur cette magnifique île à force de vouloir toujours embarquer Safia V avec Safia A. Safia A n'a pas besoin d'être sans arrêt avec Safia V. Il faut qu'elle se le rentre dans le crâne ; ça fait son petit bonhomme de chemin…

Alors nous restons quinze jours coupés du monde. Avec comme seul moyen de communication, le téléphone portable de Guilhem pour envoyer des SMS bien trop chers pour prendre des nouvelles de notre chat bébé Campeche auprès de mon amie Camille qui s'en occupe en notre absence.
D'autres SMS pour dire à nos parents que tout va bien. Pour dire à Maman de m'appeler chez Margarita chez qui nous dormons. Et Maman qui m'appelle quand je suis malade. Le seul son de sa voix me réconforte. Elle me manque terriblement quand je suis loin et ne pas pouvoir lui envoyer des cœurs sur Messenger est une épreuve mais je sais qu'ainsi, je profite de mon voyage.
Je ne prends conscience de cela qu'à la fin de notre séjour. Je comprends bien, pendant ces deux semaines, que je vis de vraies choses, avec des vrais gens, qu'au lieu de demander à Google, je demande à Julian ou Erika. Mais je prends vraiment une claque quand, lors des deux derniers jours, nous descendons dans un hôtel « all inclusive » (pour la première fois de notre vie d'ailleurs) où il est possible d'acheter des heures d'Internet et que nous le faisons.

Nous achetons une heure qui nous tient deux jours.

Je suis dans le hall, sur ce fauteuil vert anis, Guilhem n'est pas loin et, sans grande envie de se reconnecter à nos vies, il continue de profiter de ce paradis qui nous entoure.

Je veux juste pouvoir envoyer une photo à Maman. Juste lui envoyer pour qu'elle la poste. Les démons reviennent bien trop vite.

#NoMakeUpOn - J'emporte toujours un peu de maquillage en voyage mais je l'utilise très rarement. C'est une vraie cure.

Dehors, il fait un soleil de plomb, les plages, immenses, sont vides. Les restaurants servent des plats à volonté et au bord des piscines résonnent des musiques plus ou moins modernes. C'est comme si le temps s'était arrêté et, pendant deux jours, on s'offre un luxe peu commun.

Je me souviens de la semi-excitation que j'ai ressentie. Pouvoir me connecter au monde. Envoyer des photos sur Twitter, dire à Maman que l'hôtel est dingue, montrer la couleur de la mer complètement incroyable. Puis 5 minutes passent, 10 minutes. Et au bout de moins d'un quart d'heure mes yeux me piquent. Je porte des lunettes pour les écrans mais jamais pour mon téléphone. Mes yeux me piquent et je sens le monde bouger autour de moi. Je sens que, potentiellement, je pourrais perdre une heure de mon temps à Cuba pour parler virtuellement. Ce n'est pas une question de valeur, loin de là. Simplement une question de logique et de priorité.

Je sens que j'ai passé plus de 10 jours sans tout ça et que j'ai énormément vécu. Que j'ai même, parfois, eu la sensation d'avoir trop de temps. Je n'ai jamais cette sensation quand je suis chez moi.

Et me voilà retombée dedans ?

Je dis au revoir à ma chère Maman, coupe le téléphone et m'en vais profiter des derniers instants qu'il nous reste dans ce pays.

Les moments qui ont suivi ont eu un goût encore plus particulier. Comme si j'avais enfin compris que sans cette connexion, la vie était encore plus agréable. J'ai savouré chaque instant, parlé avec chacune des personnes qui le voulaient. Regardé tout ce qui m'entourait. Ouvert les yeux sur ce joli monde et pris des photos, pour garder un souvenir quand même !

Ce besoin de déconnexion, de retour à l'essentiel, de retour à nous-même, doit certainement être une sorte de besoin vital. Quelque chose qui est en chacun de nous. Qui nous habite sans même que nous le sachions.

Que l'on soit comptable, étudiant, vendeur ou médecin, je crois qu'il arrive toujours ce moment inévitable ou quelque chose de plus fort que nous nous envahit et nous fait comprendre que l'on doit dire stop. Stop à cette routine, qui ne nous convient plus et dont nous ne savons plus comment sortir.

Ces moments de «trop» sont nécessaires à notre équilibre, peut-être. Peut-être avons-nous tous besoin de repousser nos limites pour nous prendre en main et sortir de notre zone de confort. Je le vis ainsi.

Je ne sais pas que j'ai besoin de me déconnecter jusqu'à ce qu'arrive ce moment fatidique où le corps dit «stop». Je devrais être capable de l'anticiper. De prendre assez de recul pour le faire plus tôt, sans que le besoin ne se soit encore trop fait sentir. Mais je n'en suis encore pas capable.

Car au-delà de l'importance de pouvoir s'arrêter, il y a cet apprentissage par lequel nous passons certainement tous.
Apprendre que, non, il n'est pas normal de ne pas sortir de chez soi pendant deux jours. Que non, il n'est pas bon non plus de travailler jusqu'à 23 heures. Et pas viable, non plus, de ressasser ses problèmes personnels encore et encore.

Face à tous ces maux, la déconnexion a du bon.

Quelle que soit l'origine de ce trop-plein, la déconnexion est ce qui nous permet de lâcher du lest. Ne pas toujours s'obstiner quand cela ne fonctionne pas. Ne pas forcément chercher une solution qui ne vient pas. Lâcher ses révisions ou cet exposé à rendre pour le lundi. Juste le temps de couper. De souffler. De reprendre du temps pour soi.

Alors j'essaie de mettre cela en place un peu plus chaque jour. Parce que le petit train dans ma tête va toujours à vive allure, j'apprends à m'éloigner régulièrement de mon téléphone, de mon ordinateur et de mes mails pour ne plus penser qu'à moi et à ceux que j'aime. C'est finalement tout bête. 2 minutes puis 5 puis 10 puis 30 minutes, puis un week-end et 10 jours. J'apprends à méditer aussi, à ne penser qu'à ma respiration, mes sensations et à ce que le moment présent est en train de m'offrir. J'apprends et ce chemin est long. Mais chaque jour, un peu plus, je sens que cela m'est plus aisé et, chaque jour, un peu plus, je sens ces choses, ces vibrations en moi qui font que je suis chaque fois plus sereine et posée.

J'aimerais être capable de couper tous les week-ends, de ne pas regarder mes mails, mes commentaires. De ne pas prendre de photos, de ne pas penser à mon contenu de la semaine qui suit. Mais j'en suis incapable. Certainement parce que j'aime trop ce que je fais, et aussi beaucoup parce que je suis une éternelle insatisfaite / angoissée / *control freak* – on y revient.

Comme j'en suis incapable, j'attends le dernier moment. Le moment où je sens que plus rien ne me calme et que mon cerveau est en surchauffe. J'attends mais n'explose pas. J'attends puis finis par ouvrir mon agenda, tout réorganiser et me libérer trois jours loin de tout ça, à ne penser qu'à ce que je vais manger, où je vais me baigner et sur quelle plage je vais bronzer.

Ma détox à moi.

Cuba, c'était ça. Sans réellement le prévoir. Je voulais aller à Cuba pour découvrir le pays puis, plus le voyage approchait, plus ma vie se remplissait de mon travail et plus je comprenais que ce voyage était une chance, aussi, de n'être connectée qu'à la réalité palpable de la vie ! Cela ne m'a pas du tout

effrayée. Au contraire, j'avais encore plus hâte d'y être et de me mettre un coup de pied aux fesses.

On me demande souvent quel est le voyage qui m'a le plus plu. Évidemment je ne peux pas choisir, chacun est singulier et m'a apporté sa richesse. Mais je reste intimement convaincue que Cuba m'a mis une claque. Comme si j'avais besoin de rencontrer ses gens heureux sans rien pour me rendre compte que l'on cultivait trop. Je le savais déjà. Mais Cuba a ceci de particulier que vous vous sentez vraiment dans la démesure. Dans le trop de tout : de l'Internet, de la nourriture, des vêtements, des gels douche et compagnie. Il y en a très peu à Cuba. Les « magasins » sont aussi grands que nos épiceries du coin et les rayons sont aussi vides que les placards d'une personne minimaliste.

Vous n'êtes pas toujours certains de trouver de l'eau ou du pain selon le jour et l'heure. Et si l'envie vous prend de changer de marque de shampooing, vous ne serez pas déçus du voyage, il n'y en a qu'une.

Et pendant ce temps, dans nos jolis pays occidentaux, nous nous demandons si nous allons commander nos sushis sur Internet ou décongeler une pizza quatre fromages.

Parce que voyager, c'est surtout ça : se connecter à ce que l'on voit pour mieux se reconnecter à soi. Partir, même tout près, c'est l'occasion de vivre un quotidien différent. De découvrir ce que l'on ne connaissait pas et qui nous fera grandir. C'est s'enrichir des cultures, des savoirs et des habitudes. C'est être l'invité d'un autre monde et évoluer dedans pour construire ce que l'on est un peu plus chaque jour.

Jusqu'à ce que l'on trouve un endroit où l'on se sente comme chez soi. Un endroit où l'on voudrait tout apprendre, tout vivre, tout comprendre.

Cuba en 2 semaines

Cuba est une île, certes, mais une GRANDE île. Et surtout, le transport se faisant en voiture ou en bus, les déplacements sont forcément plus longs que si l'on prenait l'avion.
Avant tout, sachez que Cuba est un des pays les plus sûrs au monde. Rappelez-vous de Lisa (ou Élisa) dont je vous parlais plus haut, qui y voyageait seule, heureuse d'y faire plein de rencontres enrichissantes. C'est ça, Cuba.

JOURS 1 à 3

Deux jours à La Havane vous permettent de visiter les sites les plus intéressants.

Commencez par vous rendre dans le quartier de **La Habana Vieja** pour vous imprégner de la ville, arpenter les rues autour du **Capitole** et du **Parc central**.

Prenez la **rue Obispo**, une rue commerçante très vivante, pour vous rendre sur le Malecon, l'emblématique promenade qui longe la mer.
À l'heure du déjeuner, arrêtez-vous manger une langoustine au soleil près du **marché d'art** (artesanias). Vous serez certainement accostés par un homme ou même plusieurs, vous vantant les mérites d'un restaurant ou d'un autre. Laissez-vous guider, le charme de Cuba est en train d'opérer.
Promenez-vous ensuite en direction du **Callejon de Hamel** dans Central Habana, qui vous donnera l'impression de vivre la vie cubaine entre salsa et *street art*. Les murs de ce lieu artistique sont absolument tous recouverts de peintures ou même de demi-baignoires accrochées. Il se peut que vous y assistiez à un spectacle de danse ou une fête au milieu de l'exposition permanente des œuvres atypiques de l'artiste Salvador Gonzalez. Entrez dans la maison-musée pour y siroter la boisson locale qui vous aidera à faire baisser la température de votre corps.
Le soir, rendez-vous **place du Christ** au restaurant El Chanchullero pour déguster des œufs, du poulet ou des crevettes accompagnés d'un délicieux mojito ou d'une piña colada.

JOUR 2

Commencez par vous rendre au marché local afin de faire le plein de fruits et légumes en *pesos cubanos*. Votre salade du soir sera délicieuse !

Partez ensuite visiter le **Vedado**. Ce quartier vous émerveillera par ses grandes demeures coloniales qui semblent parfois inhabitées. Levez les yeux, marchez doucement. Perdez-vous dans les rues. Demandez votre chemin. Vivez votre expérience de La Havane jusqu'au bout. Continuez votre route jusqu'au cimetière. Surtout n'oubliez pas votre casquette et votre crème solaire, vous risquez d'avoir très chaud.

JOUR 3

Profitez de la plage. Il existe plusieurs plages magnifiques autour de La Havane, comme Santa Maria del Mar ou les plages de l'Est (playas del Este).

N'hésitez pas à prendre un taxi collectif, Cuba se vit ainsi !

JOUR 4

Lors de notre trajet vers **Viñales**, nous avons eu la chance de rencontrer Hind et Mehdi – un couple de Français. Quand je vous parle des taxis collectifs, je vous parle de rencontres qui marquent le séjour !

Avant d'arriver à Viñales, demandez à vous arrêter dans une fabrique de tabac. On vous montrera comment poussent les feuilles, comment elles sont séchées, puis comment les cigares sont réalisés. Même pour les non-fumeurs comme nous, c'est une visite très intéressante.
La visite de la vallée de Viñales peut se faire à cheval. Lors de la montée au village, arrêtez-vous au niveau du point de vue ***el mirador***. Vous y trouverez un petit musée ainsi qu'un service de visite à cheval.

Entre champs de canne à sucre et palmiers royaux, profitez du paysage hors du commun de cette vallée hors du temps.

On vous emmènera peut-être visiter la maison d'un producteur de la région. Il vous invitera à prendre le goûter : une orange pressée, un citron, quelques gouttes de sirop de canne à sucre et du rhum pour les amateurs, et une bonne dose de bonne humeur.

Profitez-en pour lui poser les questions qui vous viennent à l'esprit. Lui et sa famille ont beaucoup d'histoires à raconter.
Au retour de la balade, faites un tour dans le village de Viñales. Une rue principale dessert plusieurs ruelles avec de jolies maisons colorées. La place principale a du wi-fi si vous souhaitez acheter une carte, mais je ne saurais que trop vous conseiller de profiter de votre *digital detox*.

Cuba en 14 jours

Si l'envie vous prend, passez la nuit ici. Sinon, rentrez à La Havane et ne repartez que le lendemain vers de nouvelles aventures.

JOURS 5 à 7

Playa Larga

Située à 4 heures de bus de La Havane, **Playa Larga** est mon endroit préféré de l'île !

En descendant du bus, dirigez-vous vers la plage, longez la mer jusqu'à ce que vous arriviez devant un hôtel de bungalows sur votre droite. Tournez alors à gauche et demandez autour de vous une personne se prénommant « Margarita ».

Cette femme d'une soixantaine d'années loue une chambre dans sa toute petite maison paradisiaque.

Playa Larga, c'est une longue route avec quelques maisons, une toute petite échoppe dans laquelle vous pouvez acheter de l'eau, un club de plongée, un bar sur la plage et un hôtel. C'est tout ! C'est tout et c'est bien ce que j'ai préféré.
Le premier jour, profitez de la plage et de la magnifique eau de Cuba. Ne pensez à rien et détendez-vous.
Le deuxième jour, rendez-vous au club de plongée à 8 heures pour partir visiter **La Cueva de los Peces** (cave aux poissons). Ce trou d'eau au milieu des arbres est plein de petits poissons, mais ce que j'ai préféré a été de me baigner de l'autre côté de la route, dans une eau turquoise, magique !

N'oubliez pas de demander à Margarita (ou à votre hôte) de vous préparer à manger pour tous les repas. Vous ne trouverez pas grand-chose à Playa Larga, vous vivrez avec la famille qui vous accueille, à son rythme.

JOUR 8

Cienfuegos

Cienfuegos est une ville à l'empreinte française très marquée, puisqu'elle fut construite par des architectes français. On sera fier de vous le raconter souvent.

Vous trouverez ici une atmosphère de petite ville très agréable, mais avec peu de charme. **La place Jorse Martí** est certainement l'un des principaux points d'intérêt. Profitez-en pour visiter les rues alentour et boire un jus de goyave en terrasse.

En fin de journée, prenez une calèche et demandez à être déposés au bout de la baie. On vous y emmènera au son de la musique locale, à travers les routes parfois cabossées mais vous arriverez tout au bout de la jetée et en prendrez plein les yeux.

La baie n'est pas très propre mais on se plaît quand même à se poser sur le muret pour y admirer l'horizon et le soleil couchant.

JOURS 9 à 11

Trinidad

Trinidad est magnifique. Vous vous rendrez vite compte que vous n'êtes pas seuls à vouloir découvrir ce lieu.
Contrairement à tout ce que vous aurez fait jusque-là, vous serez ici entourés de touristes du monde entier. Les restaurants et autres magasins seront aussi différents, moins authentiques mais plein de charme quand même.

Trinidad est une ville tout en pavés, avec des rues qui montent et qui descendent. On se perd très vite dans ce dédale de ruelles parfois sans indication de nom.

Il y a de très belles maisons d'hôtes avec des patios ouverts à l'intérieur. Hind et Mehdi avaient loué une chambre dans ce type de *casas*, c'était très agréable.

Ici, tout est fait pour que vous vous sentiez à l'aise. De nombreux restaurants sont ouverts tout au long de la journée autour de la **Plaza Mayor** et dans les ruelles du cœur de la ville.
Trinidad est une ville touristique mais pleine de charme où l'on a envie de sortir son appareil photo à chaque instant.
Prenez une journée pour partir à **Playa Ancon**. Partez tôt pour profiter du calme de la plage avant que tous les vacanciers ne viennent en profiter avec vous (on aime tous être seuls, avouons-le !).

Playa Ancon est une longue bande de sable fin décorée de centaines de cocotiers et de palmiers. Le matin, des hommes ramassent les algues arrivées pendant la nuit.

On peut y trouver plusieurs stands vendant des sandwichs et des boissons... De quoi passer une bonne journée à se prélasser sur la plage et à profiter de ce magnifique paysage.

JOURS 12 et 13 — Cayo Santa Maria

Pour finir ce voyage en beauté, prenez un bus direction **el Cayo Santa Maria**. Les *cayo* sont des petites îles de paradis au large de l'île principale de Cuba. On y accède par une succession de 48 ponts construits à même l'eau (pas de soucis de vertige mais plutôt un paysage à couper le souffle – une sensation étrange de pouvoir avancer à toute vitesse sur l'eau).

Pour les plus aventuriers (comme nous), ne réservez rien et voyez ce que le destin vous réserve (nous avions trouvé un super hôtel plutôt économique : l'Hôtel Cayo Santa Maria). Sinon, réservez votre hôtel et le bus vous y déposera directement.

Deux jours de farniente sans avoir à sortir du complexe hôtelier. C'était la première fois que nous faisions cela. On retrouve alors un peu de wi-fi, on peaufine son bronzage et on repart.

Ce *cayo* est magnifique, la mer est aussi turquoise que dans vos rêves, la nature est luxuriante. Un paradis !

JOUR 14 — Retour à La Havane et départ

Si vous disposez d'un jour de plus, je vous recommande de faire une courte halte à **Santa Clara** afin d'y découvrir

le mémorial du Che. Entre deux bus, prenez deux heures pour cette halte avant de rejoindre La Havane.

Mes meilleurs…

Hébergement: La Casa de Margarita à Playa Larga (on la trouve maintenant sur Airbnb).
Restaurant: El Chanchullero La Habana (e/ Bernaza y El Cristo, 457 A bajos Teniente Rey).
Plages: Playa Ancón (région de Trinidad) et Cayo Santa Maria.

DO

Demandez votre route aux habitants.
Il n'est pas rare qu'ils vous proposent instinctivement leur aide. Ne refusez pas, ils sont une source d'informations que vous ne trouverez peut-être pas dans les guides. N'ayez crainte, les Cubains sont des gens bienveillants !

Donnez des pourboires.
Le premier jour de notre visite, nous avons été guidés par un couple adorable qui nous racontait l'histoire de La Havane. Elle était professeur des écoles et lui travaillait dans la location de logements touristiques. Cela peut sembler être de bonnes situations, mais pas tant que ça à Cuba. Ils nous ont guidés dans le Callejon de Hamel en nous expliquant la signification de ce lieu. Ils étaient ravis de nous guider et de nous expliquer tout ça mais, évidemment, ils savaient que, potentiellement, nous pourrions leur donner quelques pesos en échange. Si le « service » rendu est de qualité, il n'y a pas de raison de ne pas les remercier. Ce qui n'est pas grand-chose pour nous est énorme pour eux !

Dormez chez l'habitant.
Les meilleurs logements à Cuba sont les *casas*. Ce sont des chambres d'hôtes comme chez Margarita. Il est très commun de se rendre directement dans la ville ou le village que l'on souhaite visiter et de chercher sa *casa* sur place. L'autre option est d'être recommandé d'une *casa* à l'autre. Margarita nous a ainsi réservé celles de Cienfuegos et Trinidad. Entre eux, ils s'aident et nous aident en parallèle.

Promenez-vous la nuit.
Surtout dans les villes comme Trinidad ou La Havane. C'est là que l'ambiance naît. Quand le soleil se couche et que les températures sont plus douces, les Cubains sortent leurs instruments de musique, jouent aux dominos dans la rue… Un plaisir !

Prenez les taxis collectifs.
Pour vous déplacer sur les distances moyennes. Sinon, prenez le bus ; la compagnie nationale s'appelle Viazul.

Apportez des produits de beauté.
L'accès aux produits de beauté n'est pas aisé à Cuba et, pourtant, les femmes sont très coquettes ! Elles sont toujours ravies quand on leur apporte des crèmes, des shampooings de chez nous.

DOn't

Manger les fruits directement sur les arbres.
Je vous parle en connaissance de cause. Je me suis retrouvée à l'hôpital de Playa Larga pour une infection à cause d'une baie que le petit-fils de Margarita voulait me faire goûter. Je ne vous le dirai jamais assez : faites extrêmement attention à ce que vous mangez (viande, fruits…) ou buvez (eau…)

Louer une voiture.
Je ne vois pas du tout à quoi cela pourrait vous servir. À moins d'avoir réellement besoin de confort lors des déplacements (avec des enfants en bas âge par exemple), il est très facile de circuler à Cuba grâce aux transports collectifs. Cela est d'ailleurs très économique contrairement à la voiture et à l'essence.

Sous-entendre que Fidel (ou Raul) Castro sont des dictateurs.
Les Cubains sont de fervents admirateurs de leur président.

Majorque.

Mon coup de cœur de l'été 2017

TOP 5 DES ENDROITS POUR SE DÉCONNECTER

ALBUFEIRA – PORTUGAL

Albufeira est une petite ville dans l'extrême sud du Portugal, à trois heures de Lisbonne en train. On arrive dans une petite gare tellement mignonne et accueillante !

Hors saison, cette ville ne compte que des habitants originaires de la région et quelques retraités venus des Pays-Bas. Autant dire que le calme est assuré !

On avait loué un hébergement Airbnb avec vue sur la mer. Une vue absolument incroyable. Nous avions accès à une petite plage en contrebas puis pouvions passer par les rochers pour rejoindre la plage principale de Albufeira. On aurait presque dit une plage de Vendée tellement elle était longue.

Le village d'Albufeira est tout blanc. Lumineux et solaire.

J'aurais pu rester des jours et des jours là-bas.
J'avais l'impression que rien ne pouvait m'atteindre.

Que nous étions réellement coupés du monde et qu'aucun stress ne pourrait jamais ternir le paysage.

CAMPECHE – MEXIQUE

En visitant Campeche, en tombant amoureux de la ville, nous nous sommes fait la promesse de donner ce nom à quelque chose ou à quelqu'un. Comme un souvenir gravé. Un an et demi plus tard, nous adoptions un chat et l'appelions Campeche. Depuis, ce nom a une consonance encore plus charmante qu'avant.

Campeche est une petite ville calme et très colorée. Il n'y a que très peu de touristes et il y fait une chaleur de plomb.

Où que vous soyez, tout sera proche et accessible à pied. Que ce soit la place centrale, les restaurants ou le Wallmart pour vos courses.

Les rues de Campeche sont parsemées de dizaines de maisons de toutes les couleurs. L'appareil photo à la main, on ne s'arrête pas, tout est beau et paisible.

Cette étape est idéale pour reprendre des forces après Mexico et avant de repartir vers le Yucatán.

CALVI – CORSE

Je crois que de manière générale la Corse est pour moi synonyme de repos.

J'y suis allée pour le festival Calvi On The Rocks puis y suis restée quelques jours de plus pour profiter avec mon chéri de cette île que je ne connaissais pas encore.

C'est bien cette deuxième partie de mon séjour qui m'a donné une impression de déconnexion.

En vivant à Barcelone, on prend vite l'habitude de voir des plages remplies de monde, des rues bruyantes et extrêmement vivantes. En arrivant en Corse en plein mois de juillet, l'ambiance est complètement différente.

Tout est calme. Tout est majestueux aussi. Les routes de montagne nous font découvrir des paysages magnifiques. On y trouve de très jolies criques en longeant la mer, au hasard. Quelques familles sont là mais on aurait la place de mettre bien plus de serviettes !

J'ai adoré la Corse. Ce sentiment de vacances hors saison, pourtant en plein mois de juillet. Je ne sais pas si nous avons eu de la chance ou si cela est toujours ainsi mais c'était idéal !

CHEFCHAOUEN – MAROC

On dit que Chefchaouen est l'un des plus jolis villages du Maroc. J'en suis convaincue.

Loin des hordes de touristes du sud ou des grandes villes, Chefchahouen est la ville bleue.

En arrivant là-bas, il est indispensable que l'on vienne vous chercher. Aucune voiture ne peut circuler dans le dédale de ruelles et surtout, vous risqueriez de finir comme Obélix, Astérix et Panoramix dans la pyramide d'Égypte : perdus !

Un labyrinthe de ruelles longées de maisons bleu clair, bleu pastel, presque blanches parfois. Des fours à pain au milieu comme pour partager avec toute la communauté. Un sol de pierres lisses, parfois glissantes s'il pleut, et de magnifiques riads dispersés un peu partout.

Il est difficile de croire que des gens vivent ici tellement tout semble irréel et magique!

Prenez une journée pour faire le tour de la ville fortifiée, montez sur les hauteurs et installez-vous près du lavoir. Assis sur le muret, vous pourrez admirer les femmes s'affairer à laver des tapis de plusieurs mètres de long.

Une petite voix au fond de moi me disait d'aller proposer mon aide, pour le partage, pour l'expérience. Mais mon éternelle timidité a pris le dessus. La prochaine fois, je le ferai, je me le promets!

JERICOACOARA – BRÉSIL

Rien que le nom fait voyager. Jericoacoara est un village non loin du parc des Lençóis Maranhenses, tout au nord du Brésil. À l'instar de Tulum, il est impossible de s'y sentir mal. Enfin je crois.

Jericoacoara fait partie de ces endroits du monde où tout est à disposition sauf le stress, la routine, l'ennui, le brouhaha. Tout est paisible.

Et pourtant, tout comme Tulum, Jericoacoara est une destination plutôt prisée des touristes (contrairement à Atins, à quelques kilomètres plus à l'ouest. Lieu que j'ai d'ailleurs encore aimé davantage mais qui, parce qu'il est complètement coupé du monde, ne plaira pas forcément au plus grand nombre).

Il y a trois choses remarquables là-bas:

1. La plage, immense, calme, douce.
2. La dune de sable, telle celle du Pilat, réputée pour les couchers de soleil.
3. La vie nocturne, tous ces restaurants hyper colorés et vivants.

L'accès à cette ville n'est pas des plus aisés mais c'est aussi ce qui fait son charme. Prenez simplement le temps de ne penser qu'à vous, d'oublier l'heure qu'il est, de finir la journée sur la dune de sable à boire une coco fraîche. C'est tout ce dont vous avez besoin à ce moment-là.

La balançoire improbable sur une plage de Martinique. Il n'y avait que nous et une famille de trois personnes. La mer était déchaînée et le temps s'était presque arrêté.

Il n'y a pas de hasard… il n'y a que des rendez-vous qu'on ne sait pas lire.

Jérôme Touzalin

PROCHE DE L'AUTRE

Ces quelques personnes qui ont marqué ma route. Elles m'ont fait avancer encore plus, appris davantage. Ces êtres qui ne savent certainement pas à quel point notre rencontre m'a fait du bien et combien je leur suis reconnaissante.

KEIKO – JAPON

la simplicité

Si je n'avais rencontré cette femme qu'une seule fois, je n'aurais certainement pas pensé à l'inclure dans ce chapitre. Mais, quelques jours après notre première rencontre, elle est arrivée, différente, encore plus lumineuse et solaire.

Kyoto – Japon. 7 avril 2017. Elle s'appelle Keiko. Comme pour beaucoup de Japonais, il est difficile de mettre un âge sur son visage si doux. Elle porte un kimono gris bleuté et parle anglais parfaitement. Elle est douce, se déplace avec élégance et se met à m'apprendre de charmantes expressions dans sa langue. Elle est lumière dans sa tenue traditionnelle, lumière dans ses yeux malicieux, lumière dans son sourire chaleureux.

Puis nous la revoyons deux ou trois jours plus tard en allant manger dans son restaurant. Elle ne devait pas être là, devait être à Tokyo mais m'avoue avoir changé son planning pour pouvoir nous dire au revoir une dernière fois.

Quand elle entre dans la pièce, nous ne nous y attendons pas. Nous sommes tous là à discuter en dégustant les délicieux mets que le chef et les cuisiniers ont préparés pour nous.

Puis elle entre. Je regarde cette femme qui semble savoir ce qu'elle fait. Qui nous sourit comme jamais. Mais je ne la reconnais pas. Elle a troqué son kimono traditionnel pour un jean brut et un pull basique en V. Ses cheveux sont maintenant lâchés et la lumière du plafond accentue leur éclat.
Elle me regarde, nous regarde tous en nous souriant, en nous saluant. Puis je reconnais ses yeux, son sourire et me dis que la formule *less is more* prend ici tout son sens. Keiko est en effet d'une beauté à couper le souffle dans son simple pull et son jean bleu. Ses magnifiques cheveux m'impressionnent, son sourire m'apaise.

Je repense à toutes ces photos que je vois sur les réseaux sociaux où l'apologie du « trop » est souvent faite. Je pense à mes faux cils que je n'ai pas encore enlevés, à mes tenues trendy et je comprends que tout cela n'est pas nécessaire.

On peut toutes être des Keiko si on le souhaite. Cette femme a ce quelque chose dans les yeux, cette gentillesse et cette douceur qui transparaissent.

Alors je repense à ce qu'elle nous racontait, son expertise du riz, son exploitation, son restaurant… « Keiko, tu dois vraiment ouvrir un restaurant à Paris, on t'attend tous », lui dis-je. Un nouveau modèle de beauté vient d'apparaître dans ma vie. La simplicité d'une beauté pure et honnête qui fait un bien fou.

BRAHIM – MAROC

l'humilité

Je ne suis pas certaine d'être tout à fait sociable ou complètement timide. Cela dépend tellement de l'instant et de l'environnement. Je me connais assez bien pour dire que je m'adapte beaucoup aux gens et que des caractères trop forts me sont parfois nocifs. Mais je sais aussi pertinemment qu'à travers mes différents voyages, j'ai rencontré des gens qui m'ont bouleversée et appris à créer des liens sans préjugés mais avec altruisme et humilité.

C'est le cas avec Brahim, cet homme que j'ai rencontré en 2009 alors que je voyageais au Maroc avec ma mère.

Brahim vit à M'hamid, la dernière ville avant le désert. Quand je dis « ville », j'exagère un peu. En tout cas, en 2009, c'était encore un village où tout le monde se connaissait et vivait ensemble.

Nous avions eu le contact de Brahim par une Française que nous avions rencontrée à Marrakech et qui avait résidé chez lui quelque temps auparavant.

À l'époque, quand je rencontre Brahim, je ne comprends pas tout de suite où nous sommes ni même où nous allons. Je comprends juste que nous venons de faire bien trop d'heures de bus et que j'ai hâte de découvrir le désert.

Et puis il nous ouvre les portes de sa petite maison. Une petite maison de béton située au bout d'une des rues en terre. Je crois arriver dans une cage d'escalier pas encore terminée car il n'y a pas de peinture ni même d'enduit. Les murs sont nus. Puis je comprends que nous sommes dans le couloir principal de sa maison.

Il nous accueille avec beaucoup de chaleur, l'une des femmes de sa famille nous offre le thé, nous propose de nous asseoir sur des coussins pour le boire.
Puis on nous présente notre chambre. L'espace de douche. Le toit – sur lequel nous dormirons finalement, à la belle étoile – c'est encore plus fou !

Brahim nous ouvre les portes de sa maison, nous présente sa famille et ses amis. Nous partirons dans le désert tous ensemble pour dormir, encore à la belle étoile, et profiter des grandes dunes du Sahara. Simplement, parce qu'il n'y a aucune raison qu'il en soit autrement. Simplement, le partage, l'enthousiasme et la chaleur d'une personne qui donnerait tout pour que nous soyons bien et qui en tire entière satisfaction.

J'ai été chamboulée
par cette rencontre.

Aujourd'hui encore, Brahim m'écrit régulièrement sur Facebook. Je n'ai pas toujours le temps de lui répondre et m'en veux terriblement. J'ai toujours cette peur de ne pouvoir lui dire quand nous pourrons nous revoir. Et pourtant je rêve secrètement de commencer moi-même une conversation pour lui dire que, enfin, j'ai trouvé un moment et que j'arrive bientôt pour découvrir sa vie d'aujourd'hui.

MARGARITA – CUBA

la curiosité

Je pense très souvent à Margarita.
Que ce soit quand je revois des photos de Cuba ou quand j'emploie des mots qu'elle utilisait de manière très singulière comme le *entonces* sur lequel elle force le « on » qui fait chanter les lettres encore plus fort que d'habitude.

Je sens parfois ma poitrine se serrer quand je pense à elle, à son mari, à leur petit-fils et à leurs chiens. Cette rencontre à Cuba a été, pour moi, une des plus enrichissantes de ma vie personnelle.

Margarita habite donc à Cuba, dans un joli village appelé Playa Larga. Sa maison doit faire 40 mètres carrés. On y trouve aussi une superbe terrasse avec une cuisine d'été (c'est-à-dire, une cuisine de toute l'année là-bas, vous avez compris !) et un terrain avec des bananiers, des poules et le tracteur de son mari. Il n'y a pas de meilleur endroit pour se reposer que chez Margarita.

Elle doit avoir 65 ans et est curieuse de tout. Elle nous parle de son envie d'avoir accès à Internet pour mettre la chambre à louer sur des sites. Ainsi, des voyageurs du monde entier pourraient venir lui rendre visite et partager son quotidien.

Elle nous explique le régime de Fidel Castro et nous raconte combien il est compliqué de vivre à Cuba aujourd'hui. Qu'elle doit se rendre à la capitale mais n'a pas encore assez d'argent pour acheter le ticket de bus. Ça viendra, le mois prochain, elle pourra peut-être. Elle ira alors acheter de nouvelles serviettes de bain car ce n'est pas à Playa Larga que l'on trouve quoi que ce soit de ce genre-là.

Et puis surtout, Margarita
s'intéresse à nous.
Elle est curieuse
et c'est ça qui m'a
le plus impressionnée.

Elle essaie de comprendre mon métier. Elle semble réellement l'appréhender. Cela lui paraît complètement incroyable que l'on puisse vivre d'un site internet (un blog) ou de vidéos que l'on produit pour qu'elles soient vues par qui veut bien.

Elle nous pose des milliers de questions sur notre vie en Europe, on lui montre aussi des photos. Elle a entendu parler de Barcelone, de Paris, ça lui dit quelque chose. Elle sait pertinemment qu'elle n'ira probablement jamais dans ces endroits, je le sais aussi, alors tous ensemble, on essaie de faire le plus joli portrait de l'Europe pour qu'elle en apprenne un peu plus.

Elle est comme ça, Margarita. Sans limite d'imagination et de curiosité. Alors je me laisse aller avec elle et lui pose toutes les questions que je croyais « gênantes ». Parce que je comprends

bien que vivre à Cuba doit être compliqué, mais que je vois ces gens si heureux et si charmants, j'ai envie de comprendre.

Elle m'explique qu'elle paye une taxe tous les mois afin d'avoir le droit de louer une chambre aux touristes de passage. Qu'elle la loue ou pas, elle doit payer les 50 € par mois. À cela s'ajoutent les 10 % de la location qui vont directement à l'État, comme un impôt. Alors pour s'en sortir, elle nous raconte qu'elle propose les petits-déjeuners et les repas à ses hôtes. Et ainsi, elle fait tourner son petit commerce touristique tout en prenant soin de son petit-fils et de sa charmante maison.

On parle aussi de végétarisme, elle est persuadée que c'est une bonne chose, elle comprend ce que je lui dis et m'explique aussi pourquoi certains œufs donnent des poussins et d'autres non. Bref, on échange tellement et les limites n'existent pas. Chez elle, je me sens chez moi.

Elle nous accueille comme si nous étions de sa famille et cette ouverture à l'autre me fait un bien fou !

SONYA – SANTORIN

Relativiser

J'ai rencontré Sonya en avril 2016, lors d'un voyage à Santorin pour la marque Intimissimi. Je ne la connaissais absolument pas, n'avais jamais entendu parler d'elle mais, comme la majorité des filles qui participaient à cet événement « influenceurs », c'était une « grande » de l'international.

Comme je vous l'ai dit, je n'avais aucune idée de qui elle était et j'avais passé trois jours à la confondre avec d'autres que je ne connaissais pas mieux, n'ayant pas eu la possibilité (ou le courage) de m'intéresser à elles.

Jusqu'à ce que le dimanche soir, alors que nous étions en train de manger dans un restaurant japonais fusion en plein cœur de Fira (Santorin), elle nous rejoigne, l'équipe de la marque, mon chéri et moi, car son avion n'avait pas pu décoller à cause du vent.
J'avais commencé à regarder son Instagram, à m'intéresser à ce qu'elle faisait car on semblait parler d'elle comme d'une super Influenceuse. C'était vrai ! Je le saurai très vite, avant même que cette soirée ne se termine.

Il faut savoir aussi que j'ai énormément hésité à me rendre à cette soirée sushis car, officiellement, le voyage était terminé et que je ne souhaitais pas m'incruster au dîner des organisateurs. Mais c'était un délice et j'aurais été bien bête de passer à côté.

Entre les tempuras de légumes et les california rolls, je comprends que Sonya vit à LA (Los Angeles), qu'elle a un petit chat depuis peu et que demain, elle doit être en Russie ou en Bulgarie, je ne sais plus trop, pour un shooting photo. Qu'elle a manqué son avion mais que cela n'est pas du tout important, que ce qui compte c'est que son chat lui manque et qu'elle est heureuse de pouvoir quand même prolonger son séjour à Santorin.

Voilà ce qu'elle dit.
À cette époque, ma vie professionnelle et ma vie personnelle sont en train de prendre un tournant très grisant mais aussi complètement flippant.

Je suis pointée du doigt pour des choses hallucinantes, je ne peux pas réellement m'exprimer au risque de mal faire mais j'ai envie d'aller de l'avant et d'être enfin qui je suis réellement.

Mais j'ai peur aussi, j'ai peur de mal faire, peur de ne pas savoir le faire, peur de ne pas être à la hauteur, peur de n'avoir pas le temps de tout faire, peur de tout perdre parce que, enfin, j'ai osé m'assumer et me libérer d'un poids terrible.

Alors je lui raconte. Je lui explique la situation en deux phrases très simples, lui dis que chaque semaine, je cours après le temps, l'inspiration et l'envie pour proposer le contenu tant attendu du dimanche matin. Que ma vie est une course et que l'on m'attend pour ça. Que je ne sais pas si je fais bien, que je ne sais pas où cela me mènera et, même, que je ne sais pas si j'ai envie de continuer comme ça.
Jusqu'à ce qu'elle me demande :
« Mais qui t'oblige à poster tous les dimanches, en fait ? »

Et là, je réfléchis…

Cette phrase a eu l'effet d'une bombe dans ma tête.

Cette phrase et son discours, dans lequel elle m'explique qu'elle gère tout toute seule, qu'elle fait les choses au feeling et sans aucune pression : « Tu vois cette photo. J'avais besoin d'une photo avec un mur clair. J'ai pris ma voiture, j'ai circulé dans LA et j'ai trouvé un endroit. J'ai ensuite calé mon téléphone dans la portière, j'ai mis le retardateur et hop, j'avais ma photo. » Deuxième bombe.

Cette fille m'a appris à relativiser. À prendre les choses avec beaucoup plus de légèreté. Je ne sais pas du tout comment elle a commencé ni même comment elle en est arrivée à avoir 3 millions d'abonnés sur Instagram (une futilité, mais importante dans mon métier !), mais elle l'a fait. Et cela ne semble pas lui procurer le stress que mes 500 000 abonnés de l'époque me procuraient. Elle est sereine, ne pense qu'à ce qu'elle a envie de faire, ne calcule pas plus que ça et vit les choses comme elle doit les vivre : avec légèreté.

Et ça, je vous le dis, ça a été ma révolution 2016. Elle ne le sait pas et je ne sais pas si j'aurai l'occasion de le lui dire un jour.

Je l'ai recroisée en octobre mais mon éternelle timidité / modestie m'a empêchée d'aller la saluer pour la remercier. J'aurais certainement dû car je sais que cette Sonya fera toujours partie des personnes qui m'ont profondément aidée à me construire dans ce métier.

TISSER DES LIENS PRÉCIEUX

Il y a quelque temps, j'ai eu la chance de vivre une autre expérience marquante. Un moment de vie où, je ne me suis rendu compte de ce qu'il venait de m'arriver qu'après coup.

Nous sommes à Bogotá, en octobre 2016.

Cela fait sept ans que je ne suis pas allée dans cette maison. Sept ans que j'ai vécu à Bogotá et que j'y ai laissé une part de moi, comme si je savais que je reviendrais la retrouver.

En 2009, à mon arrivée en Colombie, j'ai vécu chez Yoli. Quand je dis « chez Yoli », je veux dire « chez Yoli et toute sa famille ». Il y a donc Yolanda, Jorge son mari, Andres leur fils aîné, Juan Pablo qui vit en France, Erika la fille aînée et Maria Camila la dernière.

Il y a sept ans, cette famille a changé ma vie *para siempre* et y retourner était un cadeau inespéré.

On passe donc deux jours « chez Yoli » et, croyez-moi, c'est comme si ces sept années n'avaient pas passé !

C'est Julian, mon *parcero* de l'Université de Bogotá (un *parcero*, c'est un ami, un vrai de vrai), qui vient nous chercher à l'aéroport. On se serre dans les bras. Je suis émue de le revoir après tant d'années. Il est accompagné de Natalia qui nous souhaite la bienvenue, pleine de chaleur colombienne.

Julian nous raconte comment va son entreprise, sa famille. On découvre Natalia, son métier et leur lien à tous les deux. Bogotá est toujours une ville très embouteillée mais, pour moi, à ce moment-là, cela importe peu!

On reste une heure dans cette voiture. Une heure à reprendre le lien là où on l'avait laissé sept ans plus tôt. Une heure à se remémorer notre voyage en Amazonie, nos virées au centre commercial, le béguin de Julian pour mon amie Marion. Une heure à rire et à écouter cette musique colombienne qui sonne comme un doux murmure à mes oreilles.

En arrivant «chez Yoli», nous sommes tous invités à boire *un tintico*. Un café en somme. Julian et Natalia nous accompagnent. Ils font la connaissance de ma famille colombienne, ceux qui, en si peu de temps, ont su prendre tellement de place dans mon cœur.
On échange, on se raconte nos vies. Je ne pense à rien d'autre qu'à la chance que nous avons d'être là, à l'autre bout du monde dans un pays si étonnant et enrichissant, de retour dans cette adorable famille.

Yoli nous a préparé la chambre d'Andres qui a finalement quitté le cocon familial. On rigole ensemble parce qu'à 30 ans passés, il était temps!

Le lendemain matin sonne l'heure du petit-déjeuner *típico*: *Guanavana, arepa con queso, tintico* et *huevos perricos*. Je pourrais manger ça tous les jours et si vous ne connaissez pas, courez demander à Google. C'est un délice!

Guilhem découvre tout ça. Il est curieux de tout. Il pose plein de questions. Yoli et Jorge lui apprennent comme ils m'ont appris à moi avant.

On leur demande pourquoi le peuple colombien a refusé l'accord de paix entre les FARCs et le gouvernement. On comprend. Ils nous parlent de leur vie aujourd'hui. De leurs enfants en France, de combien ils veulent qu'ils réussissent. Nous n'avons plus envie de les quitter.

Le soir, on retrouve Julian et Natalia. On va manger tous ensemble puis danser la salsa, le reggaetton et la bachata. Si mon expérience là-bas à 19 ans a été extraordinaire, ces deux jours avec mon chéri, mes amis et cette famille le sont tout autant !

Je ne pense plus à rien. Plus à mon travail, à mes soucis, à notre déménagement. J'ai presque oublié que l'on doit rentrer chez nous et reprendre le cours de nos vies. C'est comme si, l'espace d'un instant, on nous avait offert le luxe de nous mettre sur « pause ».

Finalement, je me rends compte que chaque étape de nos vies demande que l'on se ressource de manière différente.

Aujourd'hui, revenue de Colombie, je comprends qu'actuellement c'est l'Autre qui me fait aller encore mieux. Que j'ai besoin d'être entourée de ces personnes qui appartiennent à ma vie de Safia A. Ce sont elles qui font ma force et mon courage.

Elles savent faire en sorte que j'aille bien simplement en acceptant de partager un bout de leur vie avec moi. Simplement en acceptant d'échanger, de rire, de vivre ensemble. Ces personnes font partie de mon équilibre et j'apprends de plus en plus à prendre soin d'elles, à être une bonne amie, à ne pas me laisser submerger par ma vie et à rester connectée à ces personnes qui, une fois que tout ce que je vis aura cessé, seront, je l'espère, encore là à raconter des conneries autour d'un paquet de gâteaux bas de gamme mais tellement bons.

Et certaines fois, j'ai simplement besoin d'être seule pour me ressourcer. Besoin de me couper, d'être à Tulum avec mon amour et de ne penser qu'à nous.

Prendre conscience de tout ça me permettra sûrement, à l'avenir, de savoir comment faire si j'ai des petits coups de mou. Et je suis certaine que cela peut vous être utile aussi.

Alors si un jour vous vous sentez patraque, vous avez la sensation de ne plus contrôler votre vie, d'être dépassé, fatigué, déconnecté de qui vous êtes, essayez l'une de ces techniques, partir, trouver refuge après de ceux qui vous connaissent, vous évader... Vous n'avez pas nécessairement besoin de voyager pour faire tout ça mais j'aime à penser que changer d'air nous aide aussi à y voir plus clair parfois. Pas besoin d'aller loin : rendre visite à un cousin qui n'habite pas la même ville, partir en forêt faire une balade un dimanche après-midi, retrouver des copines pour une soirée potins, films et glace à la pistache. Essayez et laissez votre esprit s'évader. Laissez-le être libre et frais. Donnez-lui de quoi vous rendre heureux, prenez soin de lui pour qu'il puisse prendre soin de vous.

GUIMARÃES
GOVERNO DO
Rio de
Janeiro

Quand les hommes cherchent la diversité, ils voyagent!
Wenceslao Fernández Flórez

AUX QUATRE COINS DU MONDE

Il y a ces lieux un peu spéciaux.
Qui te captivent et te font ressentir
ce que tu n'avais jamais ressenti.
Qui te font comprendre comment tu fonctionnes
et comment l'environnement agit sur toi.
Ces lieux qui ont peut-être un certain pouvoir
sur notre vie. Trouve-les, découvre-les, aime-les.

Encore la semaine dernière, au détour d'une conversation avec un influenceur américain, je me faisais cette réflexion: «Est-il à ce point commun de pouvoir parler de voyage pendant des heures comme nous sommes en train de le faire?»

Nous sommes restés près de quatre heures à parler de tout et de rien mais, nos découvertes à travers le monde, les étoiles dans nos yeux, nos envies de voyager à nouveau revenaient sans cesse. Comme si, effectivement, cela nous était devenu complètement commun de pouvoir à ce point échanger sur ce sujet.

C'est encore dans ces moments-là que je mesure la chance que m'offre mon métier. Cette chance de pouvoir passer d'un train à un avion puis à un bateau.

Et plus j'en parle, plus j'en apprends sur les expériences des autres et plus je comprends que, certains lieux, certaines villes ou certaines régions du monde peuvent avoir un effet tout particulier sur nos vies.

Que l'on soit plutôt du genre baroudeurs ou au contraire adeptes des hôtels confortables, cela n'a pas d'importance. Ce qui compte réellement ici est de sentir l'énergie de chaque lieu comme quelque chose de singulier, de différent et d'être alors en mesure de ressentir les émotions que tout cela nous procure.

BARCELONE

pour vivre

Au-delà d'aimer plus ou moins une destination, il y a certainement une poignée d'entre elles qui vibrent tout particulièrement en nous.

C'est aussi simple que ce ça.

Avant de venir vivre à Barcelone, je ne m'étais plus sentie chez moi nulle part depuis des années. J'avais, depuis mes 18 ans, quitté la maison de ma chère Maman et circulé au gré de mes envies et de mes études. Entre Épinal, Lyon, Strasbourg, Lyon, Saint-Étienne, Bogotá et Madrid. Je n'avais plus de repères depuis fort longtemps et m'étais même faite à cette idée.

Et puis nous sommes arrivés ici, à Barcelone. Je m'en souviens parfaitement. Comme si cet instant, dans cet avion, en provenance de Paris, devait alors être gravé à jamais dans ma mémoire. J'étais assise côté hublot (chose assez rare pour que je la mentionne), voyant Barcelone approcher, la grande voile de l'hôtel W se profiler, la Barceloneta s'étendre. Je voyais tout ça et je me suis aussitôt sentie chez moi.

Pour la première fois depuis très longtemps, j'ai senti, comme une évidence, que cette ville était bel et bien la mienne, mon *Home Sweet Home*. Était-ce parce que je venais y construire enfin une vie d'adulte ? Ou alors parce que nous avions décidé de tout quitter pour une nouvelle aventure ? Ou simplement parce que mon chemin devait forcément passer par ici ?

Je ne saurais vous l'expliquer. Ces choses se sentent sans pour autant que nous soyons en mesure de mettre des mots dessus. Mais, une chose est certaine, deux ans plus tard, je suis plus que jamais convaincue que cette sensation, derrière ce hublot, était la bonne !

LONDRES

pour être qui l'on veut

Le jour où j'ai croisé une fille aux cheveux verts (verts et assumés !), je me suis dit que, oui, Londres était la ville où l'on pouvait réellement être qui l'on voulait.

Je ne parle pas simplement d'une fille dans tout Londres ; il s'agit plutôt d'une atmosphère de tolérance et d'identité propre qui flotte partout dans la ville. Visitez Shoreditch et mes mots prendront tout leur sens.

Comme si Londres avait été conçue pour offrir à chacun un moment de répit, dans nos vies parfois remplies de jugements et de remises en question.

Comme si, en allant à Londres, on nous donnait l'opportunité d'être librement nous, sans suivre les codes ou diktats de quiconque.

C'est peut-être ça, Londres.

Je crois sincèrement que nous avons tous, à un moment ou à un autre, besoin d'une petite claque pour nous remettre sur les rails de nos vies. En acceptant simplement le fait que nous en sommes parfois déviés par diverses circonstances, que nous en venons parfois à oublier notre singularité, ce qui fait que nous sommes qui nous sommes. J'y crois. Du moins, j'en ai fait l'expérience. Je l'ai vécu et, aller à Londres m'a fait prendre conscience qu'il n'y avait absolument aucune raison valable pour que cela se passe ainsi !

Ok, Londres est très *hipster* mais quelle que soit l'énergie qui circule en nous, je suis certaine que là-bas, elle se sent encore plus libre de briller que partout ailleurs.

Mon amie Tiphaine qui vit à Londres
m'a envoyé ces quelques photos
@tiphainemarie_

THE PAPER ROOM

NEW-YORK

pour l'inspiration

Ne m'en voulez pas, ça n'a rien de pompeux de ma part que de penser ça! Promis!

D'ailleurs, je ne crois pas que ce soit un sentiment qui me soit réservé. Je crois même que NYC est la ville du possible de beaucoup de monde. Comme si l'énergie qui s'en dégageait était contagieuse, réellement contagieuse.

NYC, là où chaque coin de rue vous fait penser à un film, une série, une publicité. Là où tout vous semble déjà presque familier alors que vous débarquez à peine de l'avion. Là où le mot «grandeur» prend tout son sens.

La lumière, le sourire des gens, la voix du métro, la couleur des taxis, tout est là pour vous inspirer. Absolument tout.

Encore aujourd'hui, des mois après mon voyage, le *Stay clear of the closing doors, please* du métro résonne dans ma tête. Comme une rengaine hyper sympa d'une semaine passée à se sentir pousser des ailes.

Parce que les New-Yorkais ont ce truc en plus qui vous fait penser que tout est possible. Que si vous le souhaitez, vous pouvez vous aussi être le maître de votre propre monde et devenir grand et remarquable. Que tout ne dépend que de vous. Que vous n'avez, finalement, qu'à vous faire confiance pour que les autres vous voient comme tel.

J'aime la ville de New York pour ça. Pour ce qu'elle est. Parce qu'elle ne prétend pas être une grande ville, pleine de magie. Elle l'est réellement!

NYC est une de mes villes préférées au monde, vous l'ai-je déjà dit ?

New York en une semaine

Finalement, il est facile de passer des semaines à NYC sans s'ennuyer une seconde. Seulement, nous n'avons pas toujours autant de temps disponible devant nous. Voici un programme agréable et plein de découvertes pour visiter la ville en moins d'une semaine.

JOUR 1

Arriver à NYC est toujours une expérience incroyable.

Comptez trois heures entre le moment où votre avion atterrit et le moment où vous arrivez à votre hébergement.

Les transports en commun new-yorkais sont fantastiques, n'hésitez pas à les prendre dès votre arrivée pour rejoindre Manhattan, Brooklyn ou les alentours.

Le premier soir, imprégnez-vous des lieux, faites le tour de votre quartier, rendez-vous dans le supermarché ouvert 24 heures/24 pour découvrir les saveurs locales. Prenez votre temps car dès le lendemain, NYC vous ouvrira grand ses bras.

JOUR 2

Commencez par Harlem, au nord de Central Park. Visitez ce quartier anciennement peu fréquentable et imprégnez-vous de l'ambiance populaire et enivrante des rues.

Si ce jour est un dimanche, profitez-en pour assister à une messe au son du gospel local. Continuez votre chemin, à pieds, vers le sud, en direction de **Central Park**.
Central Park fait 4 kilomètres de long sur 800 mètres de large ; de quoi faire une très belle balade dès votre arrivée dans la Grosse Pomme. Déambulez dans le parc, asseyez-vous sur les bancs, flânez.

Quand l'envie vous prend, quittez le parc en direction de l'est, vers l'**Upper East Side**.

Je vous conseille de prendre la sortie proche du grand lac afin d'arriver sur la 88e rue.

Découvrez alors le **musée Guggenheim**. Ce musée d'avant-garde est connu à la fois pour son impressionnante architecture et son incroyable collection d'œuvres d'art. Alors, que l'on soit amateur d'art moderne ou que l'on préfère simplement admirer le bâtiment de l'extérieur, le détour vaut la peine !

Rejoignez ensuite **Madison Avenue** et continuez votre route vers le sud.

Vous trouverez alors de nombreux cafés pour faire une pause et vous restaurer (Starbucks très chaleureux et cafés indépendants).

NEW YORK - CARNET DE ROUTE

À ce stade de votre visite, vous comprendrez déjà un peu mieux la richesse culturelle de la ville. Harlem et l'Upper East Side sont deux quartiers proches géographiquement mais pourtant tellement différents.

NYC se découvre à pied. Chaque quartier, chaque rue, chaque intersection est un spectacle.

En continuant, vous arrivez au **Rockefeller Center**. Si votre visite a lieu en hiver, vous pourrez admirer l'incroyable sapin de Noël surplombant une patinoire éphémère. Votre âme d'enfant vous réclamera peut-être d'aller y patiner.

Oubliez l'**Empire State Building** ! La meilleure vue de Manhattan s'admire certainement du haut du Rockefeller ! Si j'étais vous, je n'hésiterais pas à monter. Et de là-haut, vous aurez une vue imprenable sur le fameux Empire State.
À quelques pas de là se trouve **Grand Central**, cette gare devenue encore plus célèbre depuis la série *Quantico*.

Reprenez votre route en direction de **Broadway Avenue**. Si une envie de shopping vous prend, laissez-vous tenter. Vous aurez d'autres occasions de faire les boutiques dans les prochains jours, mais NYC est une ville merveilleuse pour faire de superbes trouvailles.

Tentez d'arriver au **Flatiron Building** pour le coucher du soleil. La lumière cherchant à disparaître en arrière-plan est absolument magnifique. Cet immeuble essentiellement composé de bureaux est emblématique de la ville.

Non loin, en revenant sur vos pas, vous trouverez le ***rooftop* 230 Fifth** (tirant son nom de son adresse). Cet espace est le plus grand *rooftop* de NYC avec, là aussi, une vue imprenable sur le fameux Empire State Building.

En hiver, des igloos transparents sont montés, aucun risque d'avoir froid.

Il paraît, aussi, que la nourriture y est bonne. Laissez-vous tenter.

Enfin, pour finir cette première journée en beauté, rendez-vous (en métro si la fatigue est trop grande) à **Times Square**.

Ce lieu est à découvrir de nuit. Mais vous serez surpris, on y voit comme en plein jour ! Admirez les centaines de panneaux publicitaires, d'écrans géants, d'annonces Facebook, H&M, Samsung ou Apple. Vous vous sentirez tout petit, vous sentirez l'énergie du lieu. Cette expérience est incroyable !

JOUR 3

Le matin, prenez le métro en direction de Downtown et descendez à South Ferry. Prenez garde à ne pas être dans le dernier wagon du métro: le quai de la station est plus court qu'ailleurs, vous risqueriez de ne pas pouvoir descendre.

D'ici, rejoignez **Whitehall Terminal** et embarquez dans un ferry pour **Staten Island**.

Cette option vous permet d'admirer la **statue de la Liberté** de manière totalement gratuite, depuis le ferry.

Autrement, il existe un ferry touristique pour vous rendre sur l'îlot de la statue, **Liberty Island**. Cela vous coûtera environ 25 €.
L'aller-retour en ferry vous prendra une heure à peine, ce qui vous laissera le temps de visiter l'incroyable quartier d'affaires, le **Financial District**, à votre retour.

Les tours immenses, la bourse de New York, le Trump Building, autant de noms qui évoquent nos séries TV préférées. C'est l'occasion parfaite de prendre un café à emporter et de flâner, comme de véritables New-Yorkais.

New York regorge de restaurants très variés; une option qui plaît à tout le monde (du burger au wok, en passant par les pâtes) est Essen. Présentés sous forme de buffet, les plats sont facturés au poids. Ainsi, chacun prend ce qu'il veut, dans la quantité qu'il souhaite.

Partez maintenant en direction du **Brooklyn Bridge**. Autre lieu emblématique de la ville, ce pont offre une vue imprenable sur Manhattan.

Traversez le pont à pied et découvrez **Dumbo**, LE quartier « indus » de NYC. De nombreuses start-up se sont implantées ici mais aussi des artistes, des bobos. Ce quartier, entre Manhattan et Brooklyn, a une énergie très singulière.

Continuez ensuite vers le cœur de **Brooklyn**. Que vous ayez envie d'un peu de calme ou que vous souhaitiez un point de vue imprenable sur l'île de Manhattan, Brooklyn est incontournable.

NEW YORK - CARNET DE ROUTE

À la fois résidentiel et urbain, ce quartier de NYC est une perle.

En remontant l'East River vers le nord, vous arriverez à **Williamsburg**. La promenade est un peu longue et vous n'êtes pas à l'abri de vous perdre un peu. Mais une fois arrivés, vous le saurez.

Des bus scolaires aux enseignes des magasins, tout est écrit en hébreu. Williamsburg est le quartier juif de la ville et ses habitants sont nombreux à revêtir les habits traditionnels dans la rue.
En fin de journée, reprenez le métro aux stations Broadway ou Marcy Avenue et admirez la vue depuis la ligne, sur le pont de Williamsburg. Manhattan s'allume devant vous.

JOUR 4

Première étape: le stand TKTS.

Ces stands que vous pouvez trouver à Times Square, Brooklyn ou South Street proposent des billets pour les spectacles de Broadway du jour même. Les prix y sont cassés, une bonne occasion de se laisser porter et de finir la journée en beauté.
New York est la ville qui ne dort jamais, dit-on. C'est aussi la ville du possible, où les constructions sont toutes plus incroyables les unes que les autres. Pour preuve : la **High Line**.

Cette ancienne voie de chemin de fer qui servait à transporter des marchandises à travers la région a été réaménagée après avoir été à l'abandon pendant de nombreuses années.

Chelsea était alors un quartier peu fréquentable et la High Line a donné un souffle nouveau au quartier.

En descendant de la High Line, déambulez dans le quartier de **Greenwich Village**. Depuis notre escapade, je me suis promis de revenir à New York prochainement et de trouver notre logement dans ce quartier qui a un air de Marais à la new-yorkaise, avec ses nombreux cafés tendance, ses boutiques de créateurs, le tout dans des immeubles de petite taille parfois peints en vert.

Continuez votre visite à travers les quartiers de **Soho** et **Little Italy**.

Soho est le quartier *hipster* de New York. Un peu à l'image de Shoreditch à Londres.
Pour votre déjeuner, rendez-vous à **Little Italy** pour déguster une bonne pizza ou des *pasta al pomodoro* comme en Italie. Pas local du tout mais tellement délicieux !

Votre route vous mènera ensuite vers **Chinatown**, un autre quartier emblématique de la ville. Ainsi, en une journée, vous aurez voyagé dans le temps sur la High Line, refait votre garde-robe à Greenwich Village et Soho, été en Italie puis en Chine.

Maintenant que le soir approche, préparez-vous pour votre spectacle à Broadway.

New York en une semaine

JOUR 5

Si depuis votre arrivée vous n'avez pas encore eu l'occasion de passer par le mémorial du 11-Septembre, préparez-vous à être impressionnés.

Ce lieu est immense, les deux gigantesques bassins situés à la place des deux anciennes tours jumelles témoignent de l'importance de ce souvenir pour le monde entier.

Le musée est à visiter ! Comptez bien trois heures pour le découvrir tranquillement. Les images sont fortes, émouvantes et puissantes. On y découvre des enregistrements téléphoniques réalisés depuis les avions. Une énergie toute singulière se dégage de ce lieu de commémoration.

Après cette étape solennelle, rendez-vous au centre commercial Westfield, juste à côté du **World Trade Center**. Ce lieu est incontournable, majestueux, élégant. Même si vous ne souhaitez rien acheter, visitez-le !
À quelques mètres de là se trouve le magasin **Century 21 Department Store** – 21 Dey Street (rien à voir avec nos agences immobilières !). Cet immense magasin rappelle un peu nos Galeries Lafayette et autres Printemps en plus populaire.

Vous y trouverez un nombre incalculable de vêtements de marque à prix cassés, Levi's, Custo Barcelona, Acne Studio, Givenchy, Longchamp... De quoi remplir vos valises ! – On vous avait prévenus, NYC est la ville du shopping !

Pour finir cette belle journée, rendez-vous au **One World Observatory**. Cette tour a été construite après les attentats du 11 septembre. Elle est encore plus grande et plus belle que les tours jumelles. Montez à l'observatoire et laissez-vous subjuguer par un dernier tour à 360 degrés de cette ville qui ne dort jamais !

Trois quartiers où dormir

Harlem
Parce que ce quartier est un bel exemple de reconversion. Que l'ambiance à la fois populaire, underground et multiculturelle fait du bien.
Greenwich village
Plus central, Greenwich village est un quartier plein de charme, comme on les aime, avec ses petites boutiques de créateurs et ses cafés décontractés.
Brooklyn
Pour vivre comme les familles new-yorkaises. Vous rappelez-vous de Miranda dans *Sex and the City ?* Elle devait quitter Manhattan pour aller vivre à Brooklyn par manque de moyens. On a alors tous cru que Brooklyn était un trou perdu et que l'on n'aurait pas du tout envie d'y mettre les pieds plus de 5 minutes. Comme nous avions tort ! Brooklyn, c'est la banlieue bobo et tendance de NYC, un peu *the place to be* finalement.

Trois adresses où se restaurer

Burgers Brinkley's broom street
Le meilleur burger que l'on ait mangé aux États-Unis. Mon chéri vous dira que ce qui était incroyable, ce n'était pas le burger lui-même, mais les Waffle Fries servies en accompagnement (des pommes de terre coupées comme des gaufres). Ambiance pub à l'anglaise.
Adresse: 406 Broome St, NY 10013

Taco Dumbo (Dumbo)
Découverte au hasard des rues. Un petit restaurant à l'esprit *healthy* surfer hawaïen / mexicain au milieu de Dumbo. Au Taco Dumbo, on vous sert des plats à base de produits frais, le tout inspiré de la cuisine mexicaine (piquante ou pas d'ailleurs).
Adresse: 56 Prospect Street, NY 11201

La Tartinery (Lower Manhattan)
Mon amie Sarah qui vivait à NYC depuis quatre mois m'a emmenée découvrir « sa cantine ». Un lieu qui pourrait parfaitement se fondre dans le style bobo chic du Marais de Paris (je fais souvent des parallèles avec Paris qui est un peu ma deuxième ville depuis quelques années. J'y passe beaucoup de temps et imagine que ces rapprochements peuvent parler à beaucoup d'entre vous).
Des tables blanches pour deux personnes le long d'une grande baie vitrée. Bancs d'un côté, chaises de l'autre. Ici la carte est très simple, des produits frais (tendance aussi, j'avoue), des tartines, des soupes, de la salade. De quoi bien manger, équilibré et bon.
Adresse: 209 Mulberry Street, NY 10012

Trois visites immanquables

Assister à une messe Gospel à Harlem le dimanche.
Cela ne s'organise pas vraiment en amont. L'idéal est de vous rendre à une messe tôt le matin, dans une petite église. Vous serez peut-être les seuls touristes et, pour tout vous dire, on aime cette sensation aussi!

Découvrir la High Line.
Je me souviens encore du froid que l'on ressentait lors de notre visite de la High Line. Et pourtant. C'était un moment inédit, comme un peu inattendu.
Cette ancienne ligne de chemin de fer réaménagée en parc urbain nous fait slalomer dans le quartier de Chelsea. Ouvrez bien les yeux et permettez-vous quelques coups d'œil furtifs dans les appartements alentour. Les fenêtres sont souvent sans rideaux et les intérieurs magnifiques.

Rooftop 230 Fifth.
NYC est réputé pour ses nombreux *rooftops*. Il n'est pas rare que l'on puisse y admirer l'Empire State Building, monument emblématique de Manhattan.
Contrairement à certains autres rooftops, le 230 Fifth n'est ni trop « cheap » ni trop « guindé ». Comme un équilibre parfait pour admirer cette ville qui ne dort jamais.
Adresse: 230 Fifth Ave 20th Fl, Ny 10001, Corner 27th Street On 5th Ave, 212-725-4300

KYOTO

pour apprendre

Je suis très curieuse de tout. Alors quand on m'emmène à Kyoto et que je découvre l'hospitalité, la politesse à la japonaise, je n'en reviens pas.

Quand on dit, ou que l'on entend, que les Japonais sont remarquablement polis, c'est vrai! Et moi, ça me plaît!

Cela me plaît de me dire que, peut-être, nous pourrions nous remercier davantage, nous sourire encore plus et nous saluer plusieurs fois. Cela me plaît de savoir que chacun, dans son activité, fait toujours le maximum pour que tout aille pour le mieux.

Il y a quelques années, je travaillais avec une Japonaise. Nous vendions des sacs de luxe absolument incroyables. Déjà, à cette époque-là, j'apprenais au contact de Yuki. Elle faisait tout à la perfection, était minutieuse, consciencieuse, dévouée! J'étais épatée, impressionnée, subjuguée. Alors je faisais de mon mieux pour être à sa hauteur. Car pour moi, la politesse et le dévouement japonais sont un apprentissage nécessaire à ma vie. Comme pour nourrir mon quotidien de quelque chose de pur et de frais.

Je crois sincèrement qu'un mélange entre ma désinvolture européenne et la rigueur japonaise serait un équilibre parfait.

La beauté de la lumière du soir sur l'avenue Shijo Dori à Kyoto

SANTORIN

pour se sentir unique

Quand je parle de Santorin, je dis souvent que c'est un paradis. Le genre d'endroit où la sensation d'être unique est plus présente qu'ailleurs.

Quand je parle de Santorin, je raconte aussi que, dans cet endroit coupé du reste du monde, il n'y a ni violence ni pauvreté. Rien n'est complètement réel là-bas.

Cette île a le don de rendre tout beau, unique et presque inoubliable. Que l'on soit sur les hauteurs de Fira, entouré de maisons blanches et d'escaliers infinis, à surplomber la mer, ou de l'autre côté, à Períssa, sur le sable gris, à boire des cocktails de fruits, tout est beau, tout est photogénique et unique !

Alors on se prête au jeu et on se sent nous aussi unique. Comme si rien ne pouvait nous arriver et que nous avions une place encore plus importante sur cette terre. Parce que, à mon avis, c'est une chance et un privilège que de pouvoir aller à Santorin !

Nefeli

Santorin en 3 jours

Santorin est une petite île où il est très facile d'aller d'un point A à un point B. Louez une voiture, ou mieux, un quad, et à vous les recoins les plus admirables de l'île !

JOUR 1

Le Santorin des cartes postales se trouve entre Fira (la capitale) et Oia (réputée pour ses couchers de soleil). Plutôt que de visiter le reste de l'île et finir par ça, commencez par cette région, ne vous réservez pas !

La première fois que l'on arrive à **Fira**, et encore plus si c'est de nuit, un sentiment étrange nous submerge. Comme si le paysage ne pouvait pas être vrai, comme si tout cela n'était qu'un décor de film et que, bientôt, il faudrait tout démonter. Pourtant c'est bel et bien réel.

Visitez Fira, émerveillez-vous et arrêtez-vous pour déguster des sushis au restaurant Ginger St. Gerasimos (Firostefani 847 00). Les tempuras de légumes sont à tomber !

Perdez-vous dans les escaliers qui tombent vers la mer.

En fin de journée, rendez-vous à **Oia**. Déambulez dans les ruelles en pente pour trouver un toit sur lequel vous pourrez vous installer et profiter du coucher du soleil. Vous ne serez pas seul au monde, cela est certain, mais vous aurez la sensation que plus rien ne compte.

JOUR 2

Perissa

Cette petite ville située à l'opposé de l'île, sur la côte sud, est totalement différente de Fira ou Oia. Plage de sable gris, transats et restaurants pleins de charme bordent la mer.

Découvrez le restaurant Ramaya et passez le bonjour à Ragi de ma part !

Si une baignade vous tente, profitez-en. Et pour les plus courageux, prenez quelques instants pour monter sur les hauteurs, tout au bout de la baie. La vue est remarquable.

Dans l'après-midi, rendez-vous à **Megalochori**. Ce village sur la route de Fira est si mignon que vous n'aurez qu'une envie : vous arrêter prendre une citronnade sur la place centrale. Il n'y aura peut-être rien d'ouvert à part quelques restaurants. Profitez simplement de l'instant pour déambuler dans les rues et découvrir l'endroit.

JOUR 3

Akrotiri pour la plage rouge.

Entre la blancheur de Fira, le gris de Períssa et le rouge d'Akrotiri, Santorin vous étonnera !

La plage est accessible en une quinzaine de minutes à pieds. Ce n'est pas la plus jolie mais rien que pour sa couleur, il vous faut y aller.

Enfin, pour finir en beauté, prenez le temps de parcourir quelques kilomètres pour dîner à la Taverna Katina à Oia. L'un des endroits les plus charmants que je connaisse.

Ce restaurant en plein air, illuminé de lanternes, donne sur un petit port. On y accède en longeant de fins murets. Les pêcheurs viennent directement y déposer leur butin après le travail. Pour les amateurs de fruits de mer et de poisson, ce lieu est un paradis.

Grande Anse des Salines - Martinique

CES ENDROITS QUE JE RÊVE ENCORE DE VISITER

Régulièrement, je me fixe des objectifs, comme des rêves que je souhaite véritablement réaliser. Je fais en sorte que cela soit raisonnable afin d'être certaine d'y arriver.

À l'heure où je rédige ces lignes, plus d'un an s'est écoulé depuis le vol entre Rio et São Luís. Plus d'un an que j'ai commencé à tout coucher sur le papier pour vous. Plus d'un an que je construis ce projet pour vous permettre de vous évader un peu plus.

Alors aujourd'hui, mes aspirations sont encore différentes de celles de l'année passée. J'ai continué à voyager, beaucoup, mais n'ai plus pu, depuis le Brésil, réaliser un nouveau voyage simplement parce que j'avais envie de découvrir le pays. J'ai énormément découvert grâce à mon travail, il est temps que je me remette à réaliser mes rêves par moi-même et sans l'aide de personne.

Parce que c'est aussi ça, voyager. Se rendre compte que nous en sommes capables. Capables de nous dépasser, de partir loin de tout ce que l'on connaît, capables de nous recentrer aussi.

Voyager, c'est apprendre à vivre autrement, et à se faire confiance, à faire confiance à l'autre et à aimer la diversité. Voyager, c'est n'avoir aucune limite tangible, aucune limite tout court.

Se dire que tout est possible et que les rêves sont faits pour être réalisés. Cela peut prendre du temps, rien n'est facile et un rêve ne serait pas un rêve si dès le lendemain, nous l'avions déjà atteint.

L'attente, la peine, la patience, l'acharnement parfois, font partie de la réalisation de ces rêves. Et c'est aussi pour cela que j'avais envie de partager toutes mes expériences avec vous.

Pas simplement pour vous raconter que j'ai la chance de voyager mais, surtout, pour vous donner envie de le faire aussi. Je sais combien mon activité me facilite les choses, mais je sais aussi combien mes premiers voyages et ceux que je réalise par mes propres moyens ont été, sont et seront les plus incroyables.

Ce feu a toujours brûlé en moi. Il n'a jamais cessé. Ce feu qui me priait de visiter le monde. De ne pas croire que les obstacles que je rencontrais étaient des murs infranchissables. De tout donner pour atteindre mes objectifs. De croire en moi et en mes capacités. De ne jamais lâcher, jamais !

Je sais que je dois ce tempérament à ma chère et tendre Maman. Elle qui, malgré ses petits revenus, sa situation parfois précaire, m'a toujours embarquée à gauche et à droite. Elle qui s'est toujours pliée en quatre pour que je puisse partir en voyage scolaire, à Rome ou à

Chicago. Elle qui s'est toujours dit que nous n'avions qu'une vie et qu'il fallait savoir en faire quelque chose d'inoubliable. Que cette unique vie – cette unique vie dont nous ayons conscience – est un cadeau et qu'il n'y a pas de place pour les regrets, pour l'amertume et pour la peur. Que tout est en nous. Tout ! Toute la force dont nous avons besoin pour réaliser nos rêves. Toute l'énergie qu'il nous faut pour être grands et forts. Tout.

Je parle ici de voyages parce que c'est là que sont mes rêves, mais cette philosophie vaut pour tout. Pour toutes ces missions de vie que l'on se donne et qui résonnent en nous. Tous ces chemins que l'on souhaite prendre et qui nous demanderont forcément beaucoup de travail. Toutes ces étapes que l'on souhaite franchir sur le chemin de l'épanouissement. Tout.

Alors, voici ce qu'aujourd'hui, j'aimerais réaliser dans les douze prochains mois :

. Visiter Bornéo et ses refuges d'orangs-outans ;
. Partir en Tanzanie et à Zanzibar à la rencontre des pêcheurs locaux ;
. Voir la Jordanie pour ses temples ;
. Me rendre à Hawaï parce que j'ai sûrement trop regardé la série *Hawaii 5.0*.

Je ne sais pas si tout pourra se faire en si peu de temps. Et même si cela doit prendre un ou deux ans de plus, peu importe. Chaque étape est un enrichissement. Chaque destination, proche ou lointaine, m'ouvre les yeux sur d'autres recoins de ma vie et de ma personne. Alors on verra bien.

Et je vous souhaite à tous de prendre le chemin de vos rêves. Croyez en vous. Nous ne sommes finalement tous que des miracles de la vie, alors profitons-en et vivons-la à fond !

Tendrement,
Safia

REMERCIEMENTS

La première personne à qui je pense est forcément ma tendre Maman. Merci Maman de n'avoir jamais vu les murs qui s'érigeaient devant nous. Merci de m'avoir appris que le cœur sait encore mieux nous guider que notre tête. Merci de m'avoir donné la force de croire en mes rêves. Merci !

Puis il y a mon tendre Amour, Guilhem. Merci mon amour d'être toujours à mes côtés pour m'aider à avancer. Merci de m'accompagner dans chacune des étapes de ma vie d'adulte. Merci d'être aussi rêveur et presque idéaliste. Merci !

J'ai aussi envie de vous parler de Sophie, mon éditrice. Merci Sophie d'avoir été autant à l'écoute. De m'avoir fait confiance dans la réalisation de cet ouvrage que j'aime profondément. Merci pour ta patience et de ton engagement même quand je change d'avis en dernière minute. Merci !

Natacha, mon amie. Merci de m'avoir offert tes talents pour que le fouillis créatif de ma tête devienne clairement réalité à travers le graphisme de cet ouvrage. Et encore plus merci d'être une épaule si précieuse. Merci !

Jennifer, mon agent. Merci de toujours me suivre dans ces directions parfois peu conventionnelles. Merci d'avoir su comprendre qui j'étais et de toujours me motiver et me conseiller pour déplacer toujours plus de montagnes. Merci !

Et enfin, merci à vous ! À tous ceux qui me suivent depuis maintenant plus de 5 ans. À ceux qui font partie de la famille depuis le début et à ceux qui sont arrivés ensuite. Merci pour tous vos adorables messages, tous les jours, sur tous les réseaux. Merci d'être là et de grandir à mes côtés.

Merci !

La beauté de Rio de Janeiro - cette ville qui court au milieu des montagnes.